KOSHIKI CONTACT KARATEDO

Shihan Olaf Lotze-Leoni

Warnhinweis:
Die Anwendung aller in diesem Buch beschriebenen Techniken und Formen ohne die Aufsicht eines qualifizierten Lehrers sind gefährlich. Das Training dieser Techniken ist nur unter der Aufsicht und Anleitung eines Experten in dieser Kampfkunst anzuraten. Für eventuelle Schäden aus der Anwendung dieser Techniken übernimmt weder der Autor noch der Verlag jegliche Haftung.
Koshiki Karate World und Shorinjiryu Kenkokan Karatedo sind eingetragene Warenzeichen und sind rechtlich geschützt.

1. Auflage 2015
© 2015, Olaf Lotze-Leoni
Shindokai-Dojo
info@shindo.de
www.shindo.de
Herstellung und Verlag: BoD - Books on Demand, Norderstedt
Umschlaggestaltung und Layout: Sandra Leoni
ISBN: 9783734766114

Alle Rechte, insbesondere das Recht der Vervielfältigung und Verbreitung sowie das Recht der Übersetzung, sind vorbehalten. Kein Teil des Werkes darf in irgendeiner Form durch Fotokopie, Mikrofilm oder ein anderes Verfahren ohne schriftliche Genehmigung des Autors reproduziert oder unter Verwendung elektronischer Systeme verarbeitet, gespeichert, vervielfältigt oder verbreitet werden.

INHALTSVERZEICHNIS

VORWORT
EINFÜHRUNG
Was ist Koshiki Contact Karatedo?	3
Die Elemente des Koshiki Contact Karatedo	4

1. DER KUMITE/ SHIAI WETTBEWERB
Sicherheits-Schutzausrüstung (Anzen Bogu)	5
im Koshiki Contact Karatedo	5
Trefferzonen im Koshiki Contact Karatedo	6
Die Regeln des Kumite Wettbewerbes	8
Die Wettkampffläche und die Positionen des Kampfrichter, Hauptkampfrichter und des Schlichters.	18
Beurteilungskriteien des Kumite Wettkampfes	19
Grundlegende Empfehlungen für den Aufbau des Kumite Training	22
Übungsformen	
Sotai Uchi Komi Renshu	23
Te Waza	24
Ashi Waza	29
Gokyo no Kumite	34
Te Waza	36
Ashi Waza	46
Die Ethik der Kampfrichter	56
Die Ausdrücke, Methoden und Bedeutung der Signale, die durch die Kampfrichter und Richter benutzt werden.	57

2. DER KATA WETTBEWERB
Theorie des Kata Wettbewerbs	75
Die Regeln des Kata Wettbewerbs	75
Kata Austragungsfläche	77
Beurteilungskriteien des Kata Wettbewerbs	78
Alternatives Bewertungssystem	80
Wesentliche Anmerkungen zur Theorie und Training von Kata	82
Liste der Toroku (registrierten) Kata	87

3. DER KATA BUNKAI KUMITE WETTBEWERB
Theorie des Kata Bunkai Kumite Wettbewerbs 88
Die Regeln des Kata Bunkai Kumite Wettbewerbs 88
Beurteilungskriteien des Kata Bunkai Kumite Wettbewerbs 89
Erläuterung zum Bunkai Kumite Training 92
Bunkai Kumite Kata Koshiki Bassai 93

ANHANG
Qualifikation zu offiziellen internationalen Dangraden, Titeln,
Kampfrichter und Ausbilder Lizenzen 106
Rangsystem im Koshiki Contact Karatedo 107
Prüfungssystem im Koshiki Karatedo für offizielle Dangrade,
Titel und Ausbilder Lizenzen 108
Offizielle internationale Ausbilder Lizenzen 110
Klassifizierung der internationalen Kampfrichterlizenzen 111
Trefferzonen und Hauptangriffstechniken 113
Klassifizierung bedeutender Techniken 114
Verantwortlichkeit des Regelwerkes 115
Kontaktadresse des So Hombu Dojo/ Tokyo und
Shindokai Dojo 116
Biographie des Autors 117
Profile der Mitwirkenden 118
Literatur 119
Glossar der Koshiki Karatedo Ausdrücke 120

VORWORT

Der Weg ist ein langer Weg. Um Dir die Grundzüge der Kampfkunst anzuzeigen, wirst Du tausend Tage benötigen; um Deine Kampfkunst zu verfeinern, zehntausend Tage.
(Gorin no sho)

Was ist Koshiki Contact Karatedo? Es ist ein Buch über Karatedo, aber kein Buch über einen Karatedo Stil. Koshiki Karatedo ist ein Wettkampf und Trainingssystem mit spezieller Schutzausrüstung. Dieses Buch stellt Trainingsmethodik und Aufbau des Koshiki Karatedo dar. Es gibt Beispiele wie Training im Koshiki Karatedo aussehen kann und Anregung um Technik und Strategie zu verbessern. Das Arbeiten mit Supersafe® Schutzausrüstung, Körperschutz (Bogu), Helm (Men) und Tiefschutz (Kin ate) ermöglicht jedem Wettkämpfer seine Technik auf sichere Weise zu erproben und effektiv zu verbessern ohne der Gefahr von Verletzungen ausgesetzt zu sein.
Dieses Buch ist nur im weitesten Sinne ein Lehrbuch und möchte Anregungen zum eigenen Studium geben, es ist durchaus gewollt, Übungen weiter zu entwickeln und den eigenen Bedürfnissen anzupassen und so möchte ich dieses vorliegende Werk verstanden wissen.
Wie im traditionellen Budo gelten im Training des Koshiki Contact Karatedo die klassischen Werte der gegenseitigen Rücksichtnahme, Respekt und Vernunft.
Ich hoffe und wünsche mir, dass dieses Buch zum besseren Verständnis des Koshiki Contact Karatedo dient.
Der Koshiki Karatedo Wettbewerb besteht aus Kata, Kumite/ Shiai und Kata Bunkai Kumite, diese Teile sind im Koshiki Karatedo Wettbewerb untrennbar. Somit wird im Koshiki Karatedo Budo lebendig bleiben und das tiefere Verständnis von Karatedo geschult.

Shihan Olaf Lotze-Leoni
6. Dan „**Renshi**" Koshiki Karatedo
5. Dan Shorinjiryu Kenkokan Karatedo
6. Antas Combat Arnis
5. Dan Kobudo

EINFÜHRUNG

WAS IST KOSHIKI CONTACT KARATEDO?

Geschichtliche Entwicklung und Formung der World Koshiki Karatedo Föderation, (WKKF) Wettkampfregeln und der Supersafe® Schutzausrüstung.

Koshiki Karatedo hat seine Wurzeln im Bogu Kumite, dem Gebrauch der japanischen Kendo Rüstung, und wurde von Kaiso Masayoshi Kori Hisataka "Kensei" 10. Dan, Begründer des Shorinjiryu Kenkokan Karatedo, vor ca. 83 Jahren entwickelt. Der Nachteil des Helmes mit Gitterschutz im Kendo war, dass viele Techniken mit bloßen Händen und Füssen nicht ausgeführt werden konnten, da es zu Verletzungen kommen konnte.
Shorinjiryu Kenkokan Karatedo ist der Grundstein des Koshiki Karatedo und dessen Entwicklung und zudem eine dem Okinawa Karate zugrunde liegende Stilrichtung.
Zum Anlass der 4. Weltmeisterschaft der World Union of Karatedo Federation (WUKO) im Nihon Budokan in Tokyo 1977 wurde darüber beraten und entschieden Schutzausrüstung und Karate Wettkampfregeln, unter Berücksichtigung der olympischen Sportregeln zu entwickeln. Hanshi Masayuki Kukan Hisataka wurde von dem Entwicklungskommitee der JKA (All Japan Karatedo Föderation, Präsident Ryoichi Sasakawa) hierzu berufen. Aufbauend auf dem Wissen und der Erfahrung seines Vaters Kaiso Masayoshi Kori Hisataka bekam er einen wissenschaftlichen Zugang zur Entwicklung einer fortschrittlichen Schutzausrüstung, um den Bedürfnissen des Karatedo gerecht zu werden.
Nach intensiver Forschung und Studium perfektionierte Hanshi Hisataka die Supersafe® Schutzausrüstung, welche heute im Koshiki Contact Karatedo in Gebrauch ist. Hanshi Masayuki Kukan Hisataka (9.Dan) ist der Begründer des Koshiki Karatedo und führende Instanz des Koshiki Contact Karatedo mit Sitz in Tokyo.
Karate ist ursprünglich eine Kunst der Selbstverteidigung in Okinawa, ohne den Gebrauch von Waffen. Diesem Ursprung folgend, ist Koshiki Karatedo eine systematische Kampfmethode welche den grundlegenden Gebrauch der Grundtechniken, wie blocken, stoßen und treten beinhaltet, während Supersafe® Schutzausrüstung getragen wird.
Koshiki Karatedo ist kein Stil und keine Karatedo Schule im herkömmlichen Sinne, sondern ein systematisches Wettkampfsystem. Der Schwerpunkt liegt auf kontrol-

liertem Kontakt mit dem Gebrauch von Schutzausrüstung (Anzen Bogu) und einer entsprechenden Trainingsmethode, die Übenden vieler Stilrichtungen einbezieht. Die Entwicklung dieser sehr leichten, dem Körper angepassten Ausrüstung ermöglicht es, Tritt-, Stoß und Schlagtechniken zu entwickeln ohne den Partner oder sich selbst ernsthaft zu verletzen.

Das bedeutet, dass alle Menschen ihre Karatedo Fertigkeiten in einer realistischen und direkten Art schnell verbessern und schärfen können. Während der Ausführung auch von starken Techniken, wird das Verletzungsrisiko nahezu ausgeschlossen. Dies führt zu einem kräftigeren Körper und macht das Training und den Wettkampf dynamischer.

Zusammen mit dem Koshiki Karatedo Regelwerk können Wettkämpfer ihre Fertigkeiten dynamisch in Angriffskombinationen ausführen. Vormals verbotene Techniken wie offene Hand Schläge und andere offensive Bewegungen aus den traditionellen Kata, können im Wettkampf effektiv eingesetzt werden. Koshiki Karatedo erlaubt es den Kämpfern freier und kreativer im Kampf zu agieren. Es ist nicht beschränkt auf einen bestimmten Karatedo-Stil und hat nicht die Absicht andere Kampfkünste auszuschließen. Es ist möglich, sich in einer sicheren, fairen und unparteiischen Umgebung miteinander zu messen.

In Deutschland wird das Koshiki Karatedo von Shihan Olaf Lotze-Leoni im Shindokai Dojo vertreten.

DIE ELEMENTE DES KOSHIKI CONTACT KARATEDO

Koshiki Contact Karatedo besteht aus einem Trainingsystem mit 3 Wettbewerbselementen.
1. Kumite Shiai, Freikampf im Safety Contact Bereich mit Supersafe Schutzausrüstung® in den Kategorien Einzelwettbewerb und Teamwettbewerb.
2. Kata, Formen als Einzelwettbewerb nach Punkten.
3. Kata Bunkai Kumite, Anwendung der Kata, wobei ein Team aus drei Personen gebildet wird und die Bereiche Goho (hart), Juho (weich) und Bukiho (Waffen, Bo und Schwert) gezeigt werden müssen.

Desweiteren bietet Koshiki Contact Karatedo ein Trainingssystem welches so strukturiert ist, dass jedes Kampfsystem es adaptieren kann, um schnell große Fortschritte zu erzielen. Gelehrt werden Technik, Kombinationen, Defensivverhalten, Strategie, Durchsetzungsvermögen und auch inhaltliche Aspekte wahrer Kampfkunst. Das Trainingsytem wurde auf moderne Bedürfnisse von Wettkämpfern abgestimmt und zeigt wie man sich schnell im Contact Bereich behaupten kann.

1. DER KUMITE/ SHIAI WETTBEWERB

Der Kumite/ Shiai Wettbewerb wird in verschiedenen Gewichtsklassen abgehalten und im erwachsenen Bereich erfolgt die Einteilung in Männer und Frauen sowie bei Kindern und Jugendlichen in Altersklassen.
Die beiden Wettkämpfer werden in Rot (Aka) und Weiß (Shiro) unterschieden. Während des Kampfes ist es möglich, auf den geschützten Trefferzonen zu punkten. Wichtig ist zu bemerken, dass Koshiki Karatedo ein Sicherheitskontakt Wettbewerb ist und zur Jodan Region (Kopf) nur Leichtkontakt erlaubt ist und zum Chudan Bereich (mittlere Stufe Körper) Vollkontakt. Sicherheit steht immer im Vordergrund, übermäßiger Kontakt muss direkt geahndet werden.

SICHERHEITS-SCHUTZAUSRÜSTUNG (ANZEN BOGU) IM KOSHIKI CONTACT KARATEDO

Diese besteht aus dem Körperschutz (Bogu), dem Helm (Men) und einem Tiefschutz (Kin ate). Wahlweise kann ein Zahnschutz getragen werden. Faustschützer oder Tapes sind nicht erlaubt. Grund dafür ist das der Ausführende seine Waffen des Karatedo schützen würde und der Budogedanke vollkommen verfehlt wird. So wird der Partner geschüzt und die wirkliche Technik erhalten.

TREFFERZONEN IM KOSHIKI CONTACT KARATEDO

Es werden die wesentlichen Tefferzonen zur Sicherheitsausrüstung gezeigt, weitere Erklärungen sind im offiziellen Regelwerk zu finden.

Jodan Zuki (ein Punkt)

Der Helm wird in Leichtkontakt getroffen. Wichtig ist das korrekte Zurückziehen der Technik (Hikite) und das kontrollierte Auftreffen.

Jodan Uchi (ein Punkt)

Der Helm wird in Leichtkontakt getroffen. Es sind alle Handtechniken erlaubt aber keine Ellenbogenstöße.

Jodan Keri (zwei Punkte)

Saubere kontrollierte Technik zum Kopf. Der Helm wird in Leichtkontakt getroffen. Kniestöße zum Kopf sind nicht erlaubt.

Chudan Zuki (ein Punkt)

Der Bogu wird in Vollkontakt getroffen. Wichtig ist das korrekte Zurückiehen der Technik (Hikite) und das kontrollierte Auftreffen.

Chudan Uchi (ein Punkt)

Der Bogu wird in Vollkontakt getroffen. Es sind alle Handtechniken sowie Ellenbogenstöße erlaubt.

Chudan Keri (zwei Punkte)

Saubere kontrollierte Technik im Vollkontakt zum Bogu. Kniestöße sind erlaubt.

DIE REGELN DES KUMITE WETTBEWERBES

Artikel 1: Kampffläche

1. Die Kampffläche (Shiaijo) besteht aus Supersafe™ Anzen Tatami, oder gleichwertigen Sicherheitsmatten, mit einer flachen Oberfläche. Das Shiaijo ist mit vorbeugenden Maßnahmen vor Gefahren zu schützen.
2. Die Größe des Shiaijo beträgt etwa 90 qm.
3. Im allgemeinen sind alle Markierungslinien auf dem Boden von weißer Farbe und einer Breite von fünf Zentimetern. Das Warngebiet ist mindestens einen Meter breit und durch eine rote Linie oder rote Tatami gekennzeichnet.
4. Alle Maße werden an den äußeren Seiten der Linien abgetragen.
6. Zwei parallele Linien markieren die Position zur Aufstellung für die Wettkämpfer. Die Linien sind einen Meter lang und werden rechtwinklig zur Mattenvorderseite, in einer Entfernung von 1,6 Metern auf beiden Seiten des Mittelpunkts des Shiaijo gezogen.
7. Eine fünfzig Zentimeter lange Linie wird parallel zur hinteren Mattenseite, in 2 Meter Entfernung vom Mittelpunkt gezogen. Diese Linie bezeichnet die Position des Kampfrichters.
8. Punktrichter, Zeitnehmer und Schriftführer sowie der Schlichter (siehe Seite 18), werden in der Regel gegenüber dem Kampfrichter an der Vorderseite außerhalb des Shiaijo gesetzt. Der Abstand beträgt dabei mindestens 2 Meter.
9. Die Betreuerbox muß einen Meter von der Fläche des Shiaijo neben den Wettkämpferboxen liegen, seitlich zum Kampfrichter und nahe dem Schlichter. Die Box ist einen Meter lang und fünfzig Zentimeter breit. (siehe Seite 18)
10. Ein Sicherheitsaufseher sollte in jedem Turnier alle Sicherheitsaspekte überwachen. Diese Person muß ein hochklassifizierter Schiedsrichter sein, der in Verbindung mit dem Obersten Schiedsrichter steht.

Artikel 2: Offizielle Kleidung

1. Die Wettkämpfer tragen den offiziellen Supersafe™ Karatedogi oder einen gleichwertigen rein weißen Karatedogi. Jeder Wettkämpfer kann auf seiner/ihrer Brust ein Abzeichen seines/ihres Stiles und das Symbol seines/ihres Landes links am Oberarm tragen. Am rechten Ärmel wird das offizielle WKKF- Abzeichen angebracht.
2. Wenn der Gürtel um die Taille gelegt wird, muss er an beiden Seiten gleich lang

sein.
3. Die Ärmel müssen mindestens die Hälfte des Unterarmes bedecken.
4. Die Hosen müssen mindestens dreiviertel des Unterschenkels bedecken.
5. Die Länge des Gürtels vom Knoten bis zu den Enden, sollte nicht weniger als fünfzehn Zentimeter betragen.
6. Die roten und weißen Gürtel, die von den Wettkämpfern für ein Kumite getragen werden, müssen diese unterschiedlichen Farben haben, damit sie leicht während des Kampfes erkennbar sind. Auf diese Auflage kann verzichtet werden, wenn rote und weiße Supersafe™ Gesichtshelme zur Verfügung stehen.
7. Die Haare sollen eine vernünftige Länge haben, und im Wettkampf nicht stören. Der Schiedsrichter kann unter bestimmten Umständen, mit der Zustimmung des Obersten Schiedsrichters, einen Teilnehmer disqualifizieren, der diese Regel verletzt.
8. Der Gebrauch von Verbänden, Polstern, Faust- und Fußschützern, kann im Falle einer Verletzung vom Schiedsrichter, in Konsultation mit dem obersten medizinischen Vorstandsmitglied, erlaubt werden.
9. Schlichter, Kampfrichter und Fahnenrichter sollen den offiziellen Supersafe™ Karatedogi, mit dem offiziellen WKKF Schiedsrichter- Wappen auf der linken Brustseite tragen. Das offizielle Standard WKKF Wappen soll rechts am Ärmel getragen werden. Zusätzlich tragen sie einen schwarzen Hakama über dem Karatedogi. Schließlich wird der Karatedo Obi über dem Hakama getragen. Keine Fußbekleidung irgendwelcher Art soll getragen werden.

Artikel 3: Schutzausrüstung

1. Alle Wettkämpfer müssen, den Supersafe™ Shiai Schützer tragen. Dieser besteht aus dem Brustschutz (Do) sowie dem Gesichts- (Men) und Leistenschutz (Kin Ate). Aus Sicherheitsgründen wird nur der anerkannte Supersafe™ Schutz als der offizielle Shiai- Schutz für Turniere erlaubt. Es ist für alle Wettkämpfer verbindlich, die offizielle Shiai- Schutzausrüstung zu tragen, es sei denn, dass vorher eine Bescheinigung über die Notwendigkeit anderer Ausrüstung bei der WKKF eingegangen ist.
3. Der Sicherheitsaufseher überprüft, dass nur freigegebene Supersafe™ Ausrüstung im Turnier benutzt wird. Zusätzlich trägt der Sicherheitsaufseher die Verantwortung für die Sicherheit älterer Ausrüstung, wenn diese im Wettkampf benutzt werden soll. Ausrüstung, die dem Sicherheitsaufseher als unsicher erscheint, unabhängig vom Herstellungsdatum, darf im Wettkampf nicht benutzt werden, es sei denn, dass sie zur Befriedigung des Sicherheitsaufsehers repariert wird.

4. Der Gebrauch von unterstützenden Verbänden oder Schützern aller Art durch die Wettkämpfer ist streng verboten, es sei denn, dass die vorherige Erlaubnis durch die Turnierleitung gegeben worden ist. Der Gebrauch solcher Artikel wird einzig und allein aus medizinischen Gründen erlaubt. Eine Entscheidung ist abhängig vom obersten medizinischen Vorstandsmitglied im Turnier.
6. Der Gebrauch eines Mundschutzes ist wahlfrei.

Artikel 4: Kampfarten

1. Die Typen des Shiai sind wie folgt:
a. Einzel- Shiai
b. Mannschafts- Shiai
   Der Shiai wird durch „Ippon shobu" (ein voller Punkt) oder „Sanbon shobu" (drei volle Punkte) entschieden.
2a. Die Anzahl der Personen, die eine Mannschaft bilden, muss eine ungerade Zahl sein.
b. Ein Mannschafts Shiai wird als vollständig betrachtet, wenn mindestens drei von fünf, vier von sieben oder zwei von drei der Kämpfer für den Kampf aufgestellt werden. Präsentiert eine Mannschaft weniger als die Hälfte der erforderlichen Mitglieder, gilt der Kampf automatisch als verloren. Drei Siege bei fünf Kämpfen (bzw. drei verlorene Kämpfe) beenden ein Mannschafts Shiai in einem Meisterschaftsturnier.
3a. Shiai (Ippon shobu) zwischen einzelnen Mitgliedern jeder Mannschaft, werden in vorher bestimmten Abläufen abgehalten und die siegreiche Mannschaft wird aufgrund dieses individuellen Shiai bestimmt werden.
b. Der Ablauf des Shiai für ein Mannschaftsmitglied kann nicht verändert werden, sobald die offizielle Reihenfolge festgelegt worden ist. Wenn ein Mitglied zu einem Kampf nicht erscheint, bekommt er/sie automatisch Kiken (abwesend), und dem gegnerischen Wettkämpfer wird der Sieg zuerkannt.
c. Erscheint ein Teilnehmer oder eine Mannschaft nicht pünktlich zum Turnier werden sie disqualifiziert (Shikkaku).
d. Wenn eine Mannschaft oder ein einzelner Wettkämpfer nicht zu einem Turnier erscheint, nachdem eine offizielle Anmeldung erfolgt war, oder während des Kampfes aufhört, kann der WKKF Vorstand die Mannschaft oder den Einzelnen von zukünftigen Turnieren ausschließen.
e. Wettkämpfer/ innen, die versuchen teilzunehmen, ohne die angemessenen Anmeldungsverfahren vollendet zu haben, kann die Teilnahme verweigert werden.
4. Ein Shiai soll mit der Methode „Anzahl der Siege" durchgeführt werden.

5. Bei der „Anzahl der Siege" - Methode gewinnt diejenige Mannschaft, welche die größere Zahl von Einzelsiegen hat. Falls beide Mannschaften die gleiche Zahl von Einzelsiegen haben, werden die Punkte der Wettkämpfer gezählt. Dabei wird zuerst die Zahl der Ippon ermittelt, die jeder Mannschaft zuerkannt worden sind.

6a. Falls dies noch kein klares Ergebnis ergibt, wird die Zahl der zuerkannten Wazaari verglichen. Sind die abschließenden Punkte immer noch gleich, wird ein abschließendes entscheidendes Shiai zwischen zwei gewählten Vertretern der entsprechenden Mannschaften abgehalten. Übertrifft das entscheidende Shiai zwei Runden, werden die Vertreter jeder Mannschaft von anderen Mannschaftsmitgliedern ersetzt. Sieg durch ein Foul oder Disqualifizierung wird als ein Ippon gezählt.

b. Kein Teilnehmer darf in mehr als zwei aufeinanderfolgenden Shiai teilnehmen. Sobald er sich zurückgezogen hat, soll ein Wettkämpfer nicht wieder teilnehmen, bis die ganze Mannschaft ihre Kämpfe ausgetragen hat.

7. Die offiziellen WKKF Gewichtsklassen sind wie folgt:

Männer/ Frauen
Leichtgewicht: weniger als od. gleich 63,5/ 55kg
Mittelgewicht: mehr als 63,5/ 55kg, weniger als od. gleich 73/ 62kg
Halbschwergewicht: mehr als 73/ 62kg, weniger als od. gleich 82kg
Schwergewicht: mehr als 82kg.

8. Die korrekte Zusammenstellung für Mannschaftskämpfe ist wie folgt:

Männer: Leichtgewicht, Mittelgewicht, Halbschwergewicht, Schwergewicht
Frauen: Leichtgewicht, Mittelgewicht, Halbschwergewicht
Gemischt: Männer/Frauen Leichtgewicht, Männer/Frauen Mittelgewicht, Männer/Frauen Halbschwergewicht, Männer Schwergewicht

Artikel 5: Kampfrichter und Schlichter

1. Die Beurteilung des Shiai wird von Kampfrichtern (einem Hauptschiedsrichter und zwei Fahnenrichtern) gemacht, welche von der WKKF und deren Unter-Committee's gestellt werden.

2. Ein Schlichter wird ernannt, die Fairneß des Shiai und der Beurteilung sicherzustellen und zu kontrollieren, dass die Ergebnisse von den offiziellen Protokollführern korrekt aufgezeichnet, die richtige Zeit eingehalten und Proteste von der Mannschaft und/ oder den einzelne Trainern angenommen werden.

4. Vor dem Kampf müssen die vorgeschriebenen Positionen eingenommen werden. Alle, die am Kampf beteiligt sind, müssen sich zuerst zur Frontseite verbeugen (Shomen ni rei), dann zu den Schiedsrichtern (Shinpan ni rei) und schließlich zueinander (Otagai ni rei).
5. Am Ende des Kampfes müssen alle zu ihren ursprünglichen Positionen zurückkehren, korrekt stehen und sich zueinander verbeugen (Otagai ni rei), dann zu den Schiedsrichtern (Shinpan ni rei) und dann zur Frontseite (Shomen ni rei). Bevor die Konkurrenten das Shiajo verlassen (Taijo), geben sie sich die Hände. Die Höflichkeit sieht dann vor, dass alle Kämpfer dem Schlichter, den Kampfrichtern, Helfern und dem Trainer danken.
6. Bei Rot/Weiß Verteilung ist, aus der Schiedsrichterperspektive rot (Aka) rechts und weiß (Shiro) links.
7. Teilnehmende Wettbewerber werden gemäß dem Diagramm aufgestellt (siehe Anordnung Wettkampffläche Seite 18). Sobald der Kampf begonnen hat, darf keine Veränderung mehr gemacht werden.
8. Sollte der Kampfrichter die ordnungsgemäßen Positionen nicht gemäß den Regeln des Kampfes einhalten, soll der Schlichter eine Einstellung des Kampfes, für die Konsultation mit dem obersten Kampfrichter, einberufen.

Artikel 6: Verhalten im Kampf

1. Wenn der Kampfrichter „Nyujo" ruft, verbeugen sich die auf den nächsten Kampf wartenden Wettkämpfer zum Shiaijo, betreten die Fläche und nehmen ihre Positionen hinter den vorgeschriebenen Linien (Motono ichi) ein. Sie verbeugen sich zum Kampfrichter (Shinpan ni rei) und dann zueinander (Otagai ni rei). Der Kampf beginnt auf das Kommando des Kampfrichters: „Shobu ippon hajime".
2. Wenn der Kampfrichter „Yame" ruft, gehen die Wettkämpfer zu ihren vorgeschriebenen Positionen (Motono ichi), um die Entscheidung des Schiedsrichters abzuwarten. Sie setzen das Shiai auf den Befehl „Tsuzukete hajime" fort. Wenn der Schiedsrichter „Yame soremade" ansagt, kehren die Wettkämpfer zu ihren vorgeschriebenen Positionen zurück (Motono ichi) zurück, um die Entscheidung des Kampfrichters für den Kampf abzuwarten. Wenn diese gefallen ist, verbeugen sich die Wettkämpfer wieder zueinander (Otagai ni rei), dann zum Kampfrichter (Shinpan ni rei) und schütteln einander die Hände. Das Shiai ist danach beendet und die Konkurrenten verlassen rückwärts gehend das Shiaijo (Taijo), wobei sie sich beim Erreichen des Mattenrandes verbeugen.
3. Das Shiai wird ausschließlich durch die Anweisungen des Kampfrichters geleitet.

Artikel 7: Kampfzeit

1. Die Zeit eines Shiai beträgt normalerweise drei Minuten. Die Richter können in Absprache untereinander, für spezielle Ereignisse (z. B. weibliche Kämpfer und/oder Juniorenkämpfe), auf der Schalttafel eine Zeit anzeigen, die sie für angemessen halten, z. B. zwei Minuten oder eineinhalb Minuten.
2. Wenn die letzten dreißig Sekunden im Kampf beginnen, meldet der Zeitnehmer „ato san-ju byo" an, worauf der Schiedsrichter mit „Ato shibaraku" reagiert.
3. Eine erste Verlängerung (Enchosen) von einer Minute wird ausgerichtet, falls keine Entscheidung erreicht wurde oder falls im Hauptkampf keine abschließende Beurteilung erreicht werden konnte. In diesem Fall werden die Regeln des Shiai auf normale Art weitergeführt. Vor der Verlängerung können die Wettkämpfer eine kurze angemessene Ruhezeit bekommen, die der Schiedsrichter in Abhängigkeit von der Verfassung der Wettkämpfer erteilt.
4. Wurde nach dem Enchosen keine Entscheidung erreicht, wird eine abschließende Verlängerung (Sai enchosen) ausgesprochen, wieder nach den normalen Regeln des Kampfes. Es gibt nur ein Sai enchosen, bei dem die Richter eine abschließende Entscheidung anzeigen müssen. In der zweiten Verlängerung ist kein unentschieden möglich.
5. Das Sai enchosen nimmt die Form von Sagidori an, bei dem der erste gültige erzielte Punkt (Ippon oder waza-ari) einer Technik oder eines Fouls den Sieger bestimmt.
6. Die Kampfzeit wird durch das Kommando des Kampfrichters zu Beginn (Shobu ippon hajime) gestartet und dauert bis zu seinem Schlusskommando (Yame soremade). Eine Diskussion unter den Kampfrichtern und Richtern oder eine verletzungsbedingte Unterbrechung wird nicht als Shiai Zeit gemessen. Der Befehl „Jikan", vom Kampfrichter gerufen, unterbricht die Zeit des Shiai.
7. Eine wirksame Technik, die gleichzeitig mit dem Zeitsignal ausgeführt wird, wird im Rahmen des Kampfes gezählt. Eine Technik, die ausgeführt wird, nachdem der Schiedsrichter „Yame soremade" signalisiert hat, wird nicht gezählt.

Artikel 8: Sieg und Niederlage

1. Sieg oder Niederlage wird aufgrund von Ippon (techn. KO = kampfgewinnender Punkt) oder der größten Anzahl von Waza-ari bzw. einer Niederlage in Folge eines Fouls oder Disqualifizierung entschieden.
2. Angriffsflächen:
a. Kontrollierte Kontaktangriffe, d.h. Techniken mit sauber ausgeführtem Zurückzie-

hen, dürfen nur zur Supersafe® Schutzausrüstung ausgeführt werden.
b. Kontakt zu Jodan muss leicht und kontrolliert erfolgen.
c. Kontrollierte Techniken ohne Kontakt, d.h. Techniken mit sauber ausgeführtem Zurückziehen jedoch ohne Kontakt, dürfen zum Rücken des Oberkörpers ausgeführt werden. Wenn sie erfolgreich ausgeführt und anerkannt werden, kann für einen solchen Angriff ein einzelner Waza-ari zuerkannt werden, jedoch kein Ippon.

Artikel 9: Kriterien für einen Ippon

1. Ein Ippon wird zuerkannt, wenn ein genauer, kräftiger und wirksamer, gut kontrollierter Stoß (Tsuki), Tritt (Keri) oder Schlag (Uchi) zu einer anerkannten Trefferfläche mit den folgenden Eigenschaften ausgeführt wird: gute Form, gute Haltung, bestimmte Kraft, Zanshin, richtiges Timing und angemessene Entfernung (Maai).
2. Ein Ippon kann für eine Technik zuerkannt werden, welche die oberen Kriterien betrifft und mit einer Wurf oder Fege- Technik eingeleitet wurde.
3. Techniken, die außerhalb des vorgeschriebenen Shiaijo ausgeführt werden, sind ungültig. Wenn der Angreifer im Moment der Ausführung einer Technik völlig innerhalb der Grenzen des Shiaijo war, ist sie gültig, solange sie vor dem Ruf „Yame" ausgeführt wurde.
4. Eine ununterbrochene Kombination von drei oder mehr wirksamen Techniken (Renzoku waza) wird als Ippon gewertet.
5. Wenn ein Gegner den Willen zu kämpfen verloren hat, bekommt der andere Wettkämpfer ein Ippon zugesprochen.
6. Techniken, die den Gegner zwingen aufzugeben, wie z. B. Strangulieren (Shime waza), Haltetechniken (Kansetsu waza) und/ oder Wurftechniken (Nage waza) können vom Kampfrichter als Ippon zuerkannt werden, vorausgesetzt, dass es völlig kontrollierte Techniken mit voller Rücksicht auf die Sicherheit des Gegners sind. Techniken, die gefährlich ausgeführt werden und somit Regeln verletzen, werden mit Strafen belegt.

Artikel 10: Kriterien für eine Waza-ari

1. Die Kriterien für die Wertung eines Waza-ari (ein Punkt im Gegensatz zu einem vollen Punkt) sind die gleichen, wie jene eines Ippon, mit der Ausnahme, dass die Techniken geringfügig weniger kräftig und perfekt in ihrer Ausführung sind. Solche Techniken müssen in allen anderen Punkten vergleichbar mit einem Ippon

sein.
2. Im Falle von Verlängerung (Enchosen) und abschließender Verlängerung (Sai enchosen), werden alle Punkte zusammengezählt.
3. Tritt Techniken (Keri waza) zu Supersafe®- geschützten Gebieten (Men und Do) werden als zwei Waza-ari gezählt, es sei denn sie werden als Ippon betrachtet.
4. Kontrollierte Nichtkontakt - Techniken (Stöße, Schläge und Tritte) zum Rücken, können nur als Einzel - Waza-ari zuerkannt werden, wenn die Schiedsrichter sie als ausreichend anerkennen.
5. Erzielen beide Wettkämpfer zur gleichen Zeit eine Technik, welche vom Kampfrichter gewertet wird, so erhalten beide Waza-ari (Wertung des Aiuchi = simultane Technik).

Artikel 11: Kriterien für eine Entscheidung (Hantei)

1. Gibt es kein Ippon oder Sieg infolge eines Fouls oder durch Disqualifikation während der vorgeschriebenen Kampfzeit (einschließlich Verlängerungen), wird eine Entscheidung basierend auf den folgenden Punkten gefällt:
a. Der Wettkämpfer mit der größten Zahl von Waza-ari.
b. Die relative Vortrefflichkeit der Kampfhaltung.
c. Fähigkeit und Ausdruck.
d. Der Grad der Kraft und des Kampfgeistes.
e. Die Zahl gültiger Angriffsbewegungen.
f. Relative Vortrefflichkeit in der Strategie.

Artikel 12: Verbotene Aktionen und Techniken

1. Direkte Angriffe zu ungeschützten Körperteilen, einschließlich der Gelenke.
2. Schlagen, während die Supersafe® Ausrüstung und der Gegner festgehalten wird.
3. Angriffe zur Leistengegend.
4. Angriffe zum Kopf ohne korrektes zurückziehen.
5. Übertriebener Kontakt zu Jodan
6. Unnötiges Schnappen, Umklammern und körperliches Aufeinandertreffen gegen den Gegner.
7. Unsportliches, unhöfliches Verhalten, wie z. B. Namen rufen, Provokationen und unverantwortliche Äußerungen.
8. Tritt Techniken zu den Beinen. Fegende Techniken sind jedoch erlaubt, vorausgesetzt, dass sie sofort von einer anderen gültigen angreifenden Technik gefolgt

werden.
9. Ellenbogenschläge zum Kopf (Jodan hiji-ate).
10. Knietritt zum Kopf (Jodan hiza-keri).
11. Hinhalten, Hinauszögern oder Ausweichen des Kampfes.
12. Bewusstes verlassen der Kampffläche.
13. Sämtliche Angriffe zum Ohr.

Artikel 13: Fouls und Disqualifikation

1. Wenn ein Wettkämpfer eine verbotene Aktion ausführen will, oder es gerade getan hat, wird der Kampfrichter ihm/ihr eine Warnung oder ein Foul (Hansoku chui) geben.
2. Wenn ein Wettkämpfer nach einmaliger Warnung, wiederholt verbotene Techniken ausführt, kann der Kampfrichter dem Gegner einen Ippon zuerkennen.
3. Wenn ein Wettkämpfer die Regeln durch eine verbotene Technik absichtlich verletzt, kann der Kampfrichter Hansoku oder Hansoku chui zuerkennen, je nachdem was er für notwendig betrachtet. Wurde ein Hansoku ausgesprochen, bekommt der Gegner ein Ippon zuerkannt. Wurde ein Hansoku chui ausgesprochen, bekommt der Gegner ein Waza-ari zuerkannt.
4. Wenn ein Wettkämpfer eine verbotene Technik vorsätzlich weiter ausführt, bekommt er ein Hansoku oder Shikkaku auferlegt. In beiden Fällen erhält der Gegner Ippon. Wenn ein Shikkaku ausgesprochen wurde, kann der Kampfrichterrat den Angreifer von zukünftigen Kämpfen/ Turnieren ausschließen.
5. Wenn Kampfrichter und Fahnenrichter feststellen, dass ein Wettkämpfer dem Kampf ausweicht oder verzögert, wird ihm/ihr eine Warnung (Mukogeki keikoku) gegeben. Nach dem Verweis, muss der ermahnte Wettkämpfer einen Angriff innerhalb von zehn Sekunden ausführen, danach wird ein Mukogeki chui erteilt und der Gegner erhält ein Waza-ari, falls kein Angriff ausgeführt wurde.
6. Wenn ein Wettkämpfer eine der folgenden Aktionen ausübt, wird ihm/ihr ein Hansoku oder Shikaku erteilt und der Schiedsrichter gibt dem Gegner einen Ippon. Wird ein Shikaku erteilt, kann der Wettkämpfer durch Beschluss des obersten Schiedsrichters vom Rest des Turniers, und in Absprache des Schiedsrichterrates von zukünftigen Ereignissen ausgeschlossen werden. Diese Handlungen sind:
7. Boshaftes und/oder absichtliches Verletzen der Regeln.
8. Den Anweisungen des Schiedsrichters nicht Folge zu leisten.
9. Überagressivität in dem Ausmaß, daß der Wettkämpfer als ungeeignet für die Teilnahme im Shiai betrachtet werden kann.

10. Falls ein Wettkämpfer die Außenlinie der Kampffläche mit einem Fuß überquert, wird ihm/ihr ein Jogai chui und dem Gegner ein Waza-ari zugesprochen.
11. Dem Wettkämpfer, der aus der Kampffläche heraustritt, wird automatisch ein Jogai chui gegeben und der Gegner bekommt ein Waza-ari.
12. Wenn ein Wettkämpfer aus den Grenzen gestoßen, geschlagen oder hinaus-geworfen wird, wird kein Jogai chui erteilt. Wenn es ersichtlich ist, daß ein Wettkämpfer seinen Gegner willentlich aus der Kampffläche zu stoßen versucht, wird ein Hansoku chui erteilt, und der Verteidiger erhält ein Waza-ari.

DIE WETTKAMPFFLÄCHE UND DIE POSITIONEN DER KAMPFRICHTER, HAUPTKAMPFRICHTER UND DES SCHLICHTERS.

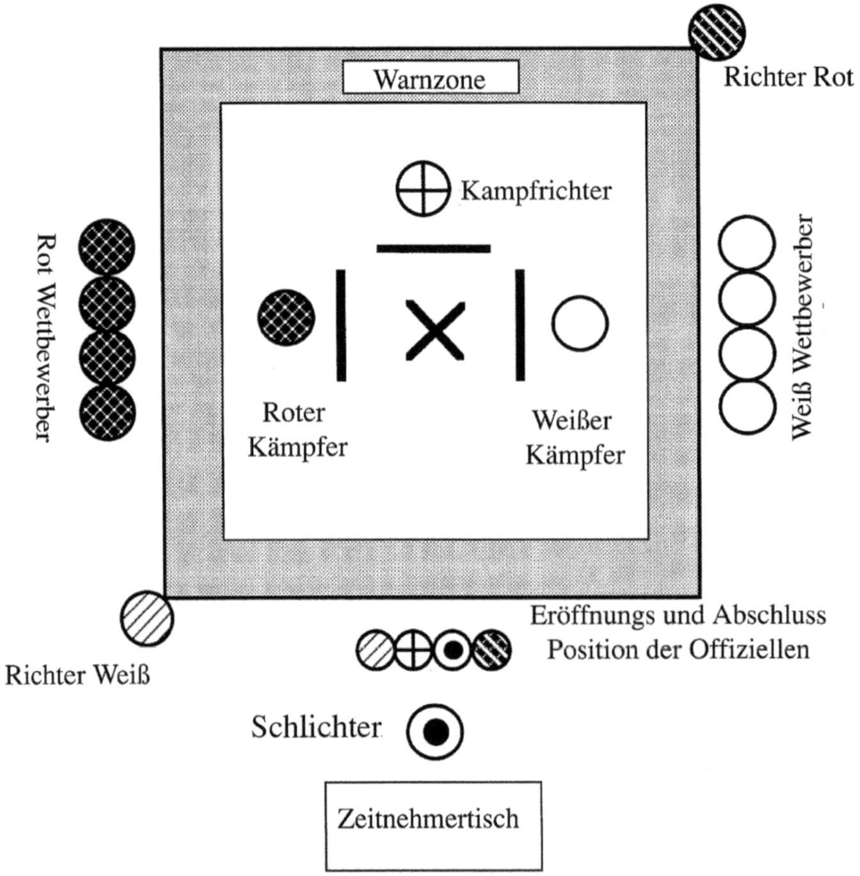

Die Breite der Linien beträgt 5 cm.
Ergebniszähler, Zeitnehmer und Protokollant sitzen hinter dem Hauptkampfrichter.
Alle Maße werden von der Außenkante der Linien abgenommen.
Die Stühle der Richter werden 0,5 m von der Ecke des Kampfgebietes aufgestellt.

BEURTEILUNGSKRITERIEN DES KUMITE WETTKAMPFES

Artikel 1: Zweck

Diese Regeln wurden zum Zweck der strikten Einhaltung von Fairness und einheitlicher Beurteilung festgelegt, um die Autorität der Kampfrichter zu steigern, und sie auf die Wettkämpfe anwendbar zu machen, die unter den Vorsitz der Welt Koshiki Contact Karatedo Vereinigung abgehalten werden.

Artikel 2: Methoden der Entscheidung

Kampfrichter und Fahnenrichter beurteilen die Wettkämpfe in Anlehnung an die „Regeln des Shiai".

Artikel 3: Methoden der Beurteilung

Die Zusammenstellung der Kampfrichter für jeden Kampf soll aus einem Schlichter, einem Hauptkampfrichter und zwei Fahnenrichtern bestehen.

Zusätzlich werden zum Erleichtern des Kampfablaufes, mehrere Zeitnehmer, Ansager, Protokollanten und Ergebnisnehmer ernannt.

Artikel 4: Autorität und Pflicht des Obersten Schiedsrichters

Die Autoritäten und Pflichten des Obersten Schiedsrichter schließen das Folgende ein:

1. Die richtige Vorbereitung für jeden Wettkampf in Konsultation mit den Kampfrichter hinsichtlich der Kampfflächen sicherzustellen, Anordnungen, notwendige Ausrüstung, Durchführung, Aufsicht, Sicherheitsmaßnahmen, usw.
2. Die Ernennung der Hauptkampfrichtern und Kampfrichtern zu entscheiden.
3. Sollte im Zuge eines gegebenen Kampfes eine nicht in den Regeln berücksichtigte Situation entstehen, obliegt die abschließende Beurteilung dem Obersten Schiedsrichter.

Artikel 6: Die Autorität und Pflichten von Hauptkampfrichtern und Kampfrichtern

Den Hauptkampfrichtern und Kampfrichtern wird die Autorität übertragen:

1. Wettkämpfe (einschließlich Eröffnung und Abschlusses des Kampfes) durchzuführen, Ippon und Waza-ari für genaue und wirksame Techniken zuzuerkennen, wenn notwendig die Grundlagen, auf der er/ sie solche Entscheidungen zuerkannte zu erklären, um Hansoku oder Shikkaku anzumelden. Warnungen (vor oder während eines Kampfes) auszusprechen, um andere disziplinarische Handlungen (Entlassen oder Suspendieren eines Wettkämpfers von einem Kampf) wahrzunehmen und Rat von Richtern zu erhalten. Sieg oder Niederlage durch seiner/ ihrer Entscheidung zuerkennen und die Verlängerung eines Kampfes anzumelden. Eine Hauptkampfrichterstimme ist gleichwertig zu zwei Punkten.
2. Die Fahnenrichter werden ihre Positionen an den vorgeschriebenen Plätzen außerhalb des Kampfgebietes einnehmen. Sie tragen ein Paar Fahnen (eine Rote und eine Weiße). Sie werden dem Kampfrichter helfen, ihre Meinung betreffs der Ausführung zu geben, indem sie ihre Beurteilung mittels Fahnen signalisieren. Sie üben ihr Recht ihrer Entscheidung oder Betrachtungsweise aus. Das Stimmrecht eines Fahnenrichters ist gleichwertig zu einem Punkt.

Artikel 7: Beginn, Suspendieren und Beenden von Kämpfen sowie Aufruf der Kämpfer

1. Der Schiedsrichter wird seine/ ihre Position, nach der Verbeugung durch die Wettkämpfer zum Kampfrichter und zueinander, einnehmen und den Kampf mit der Ankündigung von „shobu ippon hajime" beginnen.
2. Wenn der Schiedsrichter eine Technik erkennt, die von einem Wettkämpfer als Ippon ausgeführt wurde, wird der Kampf durch den Ausruf „yame" angehalten und die Wettkämpfer werden zu ihren ursprünglichen Positionen (motono ichi) befohlen. Der Schiedsrichter wird zu seiner/ ihrer ursprünglichen Position zurückkehren, und die entscheidende Technik ansagen, mit der Ankündigung und durch Heben seiner/ ihrer Hand den „ippon" deklarieren und dann „shiro (oder aka) no kachi" ansagen.
3. Wenn ein Wettkämpfer einen oder mehr Waza-ari während eines Kampfes erzielt hat, wird der Kampfrichter „yame" befohlen und die Gegner zurück zu ihren ursprüngliche Positionen (motono ichi) bringen, bevor er selbst zu seiner/ ihrer vorgeschriebenen Position zurückkehrt. Er/ sie wird die Punkte dann durch

Heben seiner Hand zu der entsprechenden Position anzeigen, die die gesamte Anzahl von Waza-ari identifiziert, die erzielt wurden. Die erzielten Techniken des Wettkämpfers werden mit der Ankündigung „shiro (aka) waza-ari" angesagt. Der Kampfrichter wird den Kampf dann mit der Ankündigung „tsuzukete hajime" fortsetzen.

4. Wenn die Zeit des Kampfes ohne Ippon abgelaufen ist, wird der Kampfrichter „yame soremade" anmelden und wird die Wettkämpfer zu ihren Positionen (motono ichi) zurück befehlen und selbst zu seiner/ ihrer bezeichneten Position zurückkehren. Den Richtern erlaubt es in dieser Zeit eine Entscheidung zu fällen, dann wird der Kampfrichter die Fahnenrichter um eine Entscheidung mit dem Befehl „Hantei torimasu" und durch Signal mit seiner/ ihrer Pfeife auffordern. Er/ sie wird den Sieger mit der Ankündigung von „shiro (aka) no kachi" dann deklarieren oder ein Unentschieden, „hikiwake" aussprechen. Die abschließende Beurteilung muss gemäß der Meinung des Kampfrichters gemacht werden.

6. Die Fahnenrichter werden die Handlungen der Wettkämpfern innerhalb seines/ ihres Sichtbereiches sorgfältig beobachten, und in den folgenden Fällen dem Kampfrichter mittels einer Fahne seine/ ihre Meinung sofort signalisieren:

a. Wenn er/ sie einen Ippon oder Waza-ari beobachtet hat.
b. Wenn er/ sie bemerkt hat, dass ein Wettkämpfer bald oder schon einen verbotenen Akt oder Technik ausgeführt hat.
c. Wenn er/ sie die Verletzung oder Krankheit eines Wettkämpfers vor dem Hauptkampfrichter bemerkt hat.
d. Wenn sich einer oder beide der Wettkämpfer von der Wettkampffläche weg bewegt hat.
e. In anderen Fällen, wenn er/ sie es für notwendig hält, die Aufmerksamkeit des Kampfrichters zu erregen.

7. Jeder Richter wird die relative Vortrefflichkeit der Wettkämpfer ununterbrochen bewerten und wird seine/ ihre Meinung unabhängig bilden.
8. Wenn der Kampfrichter „hantei torimasu" ruft, soll jeder der Kampfrichter fähig sein seine/ ihre Meinung in der vorgeschriebenen Art auszudrücken.
9. Der Zeitnehmer wird Signale durch einen Gong oder Summer geben, der 30 Sekunden Restzeit anzeigt und „ato san-ju byo" anmelden.
10. Falls die Kampfzeit für mehr als 10 Sekunden unterbrochen wird, wird der Hauptkampfrichter „jikan" (Zeit) signalisieren, und der Zeitnehmer, mit Bezugnahme auf den Schlichter, die Zeit unterbrechen, bis der Hauptkampfrichter den Kampf wieder aufnimmt.

GRUNDLEGENDE EMPFEHLUNGEN FÜR DEN AUFBAU DES KUMITE TRAINING

Der strukturelle Aufbau des Kumite Trainings ist für ein besseres Verständnis von Distanz, Timing und Krafteinsatz sehr wichtig. Geübt werden solllten die Techniken zunächst aus einer statischen Position, über einfache Vor- und Rückwärtsbewegungen hin zu dynamischen Bewegungsformen im Raum. Im Folgenden ein Beispiel:

Stufe 1 Teichi Tanren (aus Kampfstellung ohne Schritt)
Kogeki Waza, Offensive Technik
Beginnend mit Keri Waza, Tritttechniken wie z.B.
a) Hineri Maekeri, gerader Fußstoß zur mittleren Ebene mit dem hinteren Bein
b) Okuri Maekeri, gerader Fußstoß mit dem vorderen Bein
c) Okuri Yokokeri, seitlicher Fußstoß mit dem vorderen Bein
Zuki waza, Stoßtechniken
a) Hineri Mae tsuki, gerader Fauststoß mit der rückwärtigen Hand
b) Okuri Mae tsuki, gerader Fauststoß mit der vorderen Hand
c) Oi Mae tsuki, langer Fauststoß

Stufe 2 Ido Tanren (aus Kampfstellung mit Vor- und Rückwärtsbewegung)
Beginnend mit Keri Waza, Tritttechniken gefolgt von Stoßtechniken,
wie in Level 1.

Stufe 3 Teichi Tanren (aus Kampfstellung ohne Schritt)
Hangeki Waza, Verteidigungstechniken
Gegen Tritttechniken, die Konter sollten Handtechniken sein.
Verschiedene Blocktechniken gegen die oben beschriebenen Angriffe.
Gegen Stoßtechniken, die Konter sollten Fußtechniken sein.
Verschiedene Blocktechniken gegen die oben beschriebenen Angriffe.

Stufe 4 Ido Tanren (aus Kampfstellung mit Vor- und Rückwärtsbewegung)
Beginnend mit Keri Waza, Tritttechniken gefolgt von Stoßtechniken,
wie in Level 3.

Stufe 5 Jiyu Tanren
Mit fortschreitendem Training sollten die erlernten Techniken im Goho Tanren (5 Techniken Training), Jiyu Tanren (Freies Training) und Shiai Tanren (Wettkampftraining) angewendet werden.

ÜBUNGSFORMEN

SOTAI UCHI KOMI RENSHU

Basistraining am Partner mit Schutzausrüstung (Anzen Bogu)

Es gibt unzählige Wege, Karate zu trainieren. In diesem Abschnitt möchte ich jedoch eine der grundlegenden Trainingsmethoden des Karatedo vorstellen. Das Sotai Uchi Komi Renshu, das Trainieren von Angriffstechniken an einem Partner. Es stellt das Basistraining im Koshiki Karatedo dar. Es entwickelt ein Verständnis von Distanz, Winkel, Bewegung, Form und Kraft durch die Arbeit mit einem Partner. Das Partnertraining sollte in verschiedenen Stufen erfolgen. Zuerst werden alle Techniken ohne Partner als Kihon geübt, um den Ablauf der Bewegung zu verstehen. Als zweite Übungsstufe werden die Techniken an einem Partner ohne Schutzausrüstung und ohne Kontakt ausgeführt, um die drei Angriffsebenen (Jodan, Chudan, Gedan) sowie die Distanz jeder Technik zu verstehen. Die Technik am Partner zu stoppen, bezeichnet man als Sundome. Als nächste Stufe wird nur der Körperschützer ohne Helm angelegt, um die Kraftentwicklung am Körper des Partners zu erlernen, erst danach wird der Helm getragen. Zu beachten ist, dass auf den Helm (Kopfregion) nicht mit vollem Kontakt geschlagen wird, sondern kontrolliert, um den Partner nicht zu verletzen. Unkontrollierte Techniken zum Kopf können zu Verletzungen führen. Schläge zu ungeschützten Körperteilen sind nicht im Sinne des Koshiki Karatedo Trainings und daher untersagt. Es ist im Training mit einem Partner immer zu bedenken, dass man miteinander lernt und nur in einer respektvollen Trainingsatmosphäre miteinander den Weg des Karatedo gehen kann und vom Training profitiert. Die Weiterführung des Uchi Komi Renshu besteht in der Ausführung von Kontertechniken, sowie alle Techniken in freier Bewegung. Im Besonderen gilt auch hier, dass viele Wiederholungen gemacht werden müssen, um die korrekte Ausführung und die Umsetzung im Shiai zu ermöglichen.

TE WAZA

Kogeki: Grundstellung ist in Hidari Kenko Kamae.
Hangeki: Grundstellung ist in Hidari Tsuru Ashi Dachi.

Dai Ikkyo - Technik 1:

Kogeki:
Chudan Hineri Mae Zuki

Hangeki:
Uchi Ude Uke

Chudan Hineri Mae Keri

Jodan Hineri Mawashi Keri

Dai Nikkyo - Technik 2:

Kogeki:
Jodan Choku Zuki

Hangeki:
Jodan Shuto Uke

Chudan Yoko Keri

Jodan Ushiro Mawashi Kaiten Keri

Dai Sankyo - Technik 3:

Kogeki:
Jodan Uraken Uchi

Hangeki:
Shotei Uke rechts

Chudan Ushiro Kaiten Keri

Jodan Hineri Mawashi Keri

Dai Yonkyo - Technik 4:

Kogeki:
Jodan Ushiro Kaiten Uchi

Hangeki:
Shotei Uke links

Chudan Hineri Mawashi Keri

Jodan Hineri Mawashi Keri

Dai Gokyo - Technik 5:

Kogeki:
Chudan Yoko Zuki

Hangeki:
Kosa Ashi mit Migi Otoshi Uke

Jodan Mawashi Keri

Chudan Mawashi Keri

ASHI WAZA

Kogeki: Grundstellung ist in Migi Kenko Kamae
Hangeki: Grundstellung ist in Migi Zenkutsu Dachi

Dai Ikkyo - Technik 1:

Kogeki:
Chudan Hineri Mae Keri

Hangeki:
Uchi Gedan Barrai

Jodan Hineri Mae Zuki

Chudan Oi Mawashi Keri

Dai Nikkyo - Technik 2:

Kogeki:
Chudan Yoko Keri

Hangeki:
Soto Gedan Barrai

Jodan Okuri Zuki

Chudan Yoko Keri

Dai Sankyo - Technik 3:

Kogeki:
Chudan Hineri Mawashi Keri

Hangeki: Ausweichen und Umleiten mit der linken Hand.

Jodan Kentsui Uchi

Chudan Hineri Mawashi Keri

Dai Yonkyo - Technik 4:

Kogeki:
Jodan Ushiro Kaiten Keri

Hangeki: Ausweichen nach hinten rechts mit dem hinteren Fuß.

Jodan Ushiro Kaiten Uchi

Chudan Hineri Mawashi Keri

Dai Gokyo - Technik 5:

Kogeki:
Jodan Kosa Mawashi Keri

Hangeki:
direkter Eingang (Tai no Sen), gleichzeitig Jodan Choku Zuki

Chudan Ushiro Kaiten Keri

GOKYO NO KUMITE

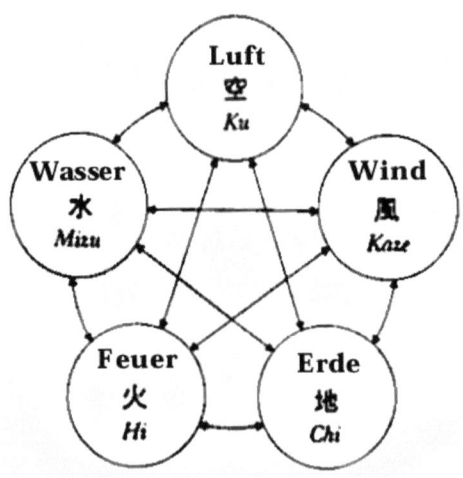

Gokyo no Kumite ist ein grundlegendes Prinzip im Koshiki Karatedo, es stammt aus dem Shorinjiryu Kenkokan Karatedo. Im Wesentlichen bezieht sich jeder Aspekt des Gokyo auf einen unterschiedlichen Satz von Bewegungen und mentalen Verfassungen, die der Ausübende versuchen soll zu verstehen.

Die Ursprünge des Gokyo liegen in den chinesischen Kampfkünsten, die auf den Bewegungen von fünf Tieren basieren: Tiger (Tora), Kranich (Tsuru), Leoparden (Hyo), Schlange (Hebi) und dem mystischen Drachen (Ryu). Das Gokyo leitet sich auch aus den fünf Grundelementen Wasser (Mizu), Feuer (Hi), Erde (Chi), Wind (Kaze) und Himmel (Ku) ab.

Kaiso Kori Hisataka führte diese Prinzipien in das Karatedo ein, und sein Sohn hat die Benutzung des Gokyo in Kata und Kumite weiter entwickelt.

Diese fortgeschrittene Übungsform des Kampfes innerhalb des Yakusoku Kumite besteht aus fünf (Go) Kumite Kata, von denen jede einzelne in steigernden Schwierigkeitsstufen die grundlegenden Prinzipien des tatsächlichen Kampfes übt.

Die folgenden fünf Prinzipien stellen, unabhängig der Karatedo Ausrichtung, die Grundlage des Karatedo dar.

1. Ikken Hissatsu.
Ein direkter Angriff zu einem Vitalpunkt (Kyusho). Dies ist das erste und wichtigste Prinzip jedes Karatedo: mit <u>einer</u> Technik den Kampf zu entscheiden.

2. Nachgiebigkeit.
Durch Ausweichbewegungen (Ashi Sabaki) die Kraft des Gegners ausnutzen. Dies ist das wichtigste Prinzip jeder Art von Defensive. Setze nie Deine Stärke gegen die Stärke des Gegners, sondern versuche, seinen Angriff zu meiden. Damit kann man von keinem Gegner besiegt werden, unabhängig davon, wie stark er ist.

3. Rhythmus.
Wende den Angriff des Gegners gegen ihn selbst. Wenn der gegnerische Angriff nicht sein Ziel erreicht, gerät der Gegner entweder aus dem Gleichgewicht, oder seine Deckung ist offen. In einer fließenden Bewegung muss die Ausweichbewegung in einen starken Konter übergehen.

4. Kontrast.
Anwendung des Kontrastprinzips: ein oberer Stufen Angriff sollte von einem mittlere Stufen Konter gefolgt werden, auf eine harte Technik reagiert man mit einer Weichen, einen Fußangriff mit einer Handtechnik usw..

5. Sutemi Waza.
Selbstopferung. In manchen Fällen ist es wichtig, das eigene Gleichgewicht aufzugeben, indem man sich z.B. auf den Boden wirft oder sich auf den Gegner fallen lässt, um einem Angriff zu entgehen.

Gokyo ist eine Lehre, die weit über das Karatedo hinausgeht und Anwendung im täglichen Leben findet. Dieses Kumite System kann übergreifend in allen Karatedo Ausrichtungen gelehrt werden, ohne dass Veränderungen notwendig sind.

TE WAZA

Dai Ikkyo

Hangeki:
Stand: Hidari Neko Ashi Dachi
Haltung: Shuto Chudan Kamae
Kogeki:
Stand: Hidari Neko Ashi Dachi
Haltung: Seiken Chudan Kamae

Angriff:
Jodan Oi Zuki

Verteidigung:
Jodan Shuto Uke

Konter:
Shuto Yoko Mawashi Uchi

Chudan Choku Zuki

Jodan Hineri Mawashi Keri

Jodan Ushiro Uraken Uchi

Chudan Hineri Mae Zuki

Dai Nikkyo

Hangeki:
Stand: Hidari Tsuru Ashi Dachi
Haltung: Shuto Jodan Kamae
Kogeki:
Stand: Hidari Tsuru Ashi Dachi
Haltung: Seiken Jodan Kamae

Angriff:
Chudan Hineri Mae Zuki

Verteidigung:
Uchi Ude Uke

Konter:
Jodan Hineri Mae Zuki

Chudan Hineri Mae Keri

Jodan Hineri Mawashi Keri

Jodan Uraken Uchi

Chudan Hineri Mae Zuki

Dai Sankyo

Hangeki:
Stand: Hidari Zenkutsu Dachi
Haltung: Shuto Gedan Kamae
Kogeki:
Stand: Hidari Zenkutsu Dachi
Haltung: Seiken Gedan Kamae

Angriff:
Jodan Okuri Zuki

Verteidigung:
Age Uke

Konter:
Chudan Mawashi Empi Uchi

Jodan Choku Zuki

Jodan Ushiro Kaiten Keri

Jodan Uraken Uchi

Chudan Hineri Mawashi Keri

Dai Yonkyo

Hangeki:
Stand: Hidari Sotobiraki Jigotai Dachi
Haltung: Shuto Hasso Kamae
Kogeki:
Stand: Hidari Sotobiraki Jigotai Dachi
Haltung: Seiken Hasso Kamae

Angriff:
Jodan Shuto Uchi Oroshi

Verteidigung:
Jodan Juji Uke

Konter:
Chudan Hiza Ate

Jodan Mawashi Empi Uchi

Ushiro Kaiten Gari

Gedan Hineri Mae Zuki

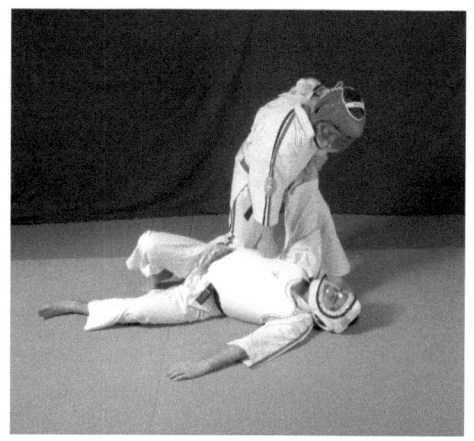

Dai Gokyo

Hangeki:
Stand: Hidari Shizentai Dachi
Haltung: Shuto Shizen Kamae
Kogeki:
Stand: Hidari Shizentai Dachi
Haltung: Seiken Shizen Kamae

Angriff:
Jodan Uraken Uchi

Verteidigung:
Jodan Shuto Uke

Konter:
Chudan Oi Yoko Keri

Jodan Hineri Haito Uchi

Ko Soto Gari (Ashi Barrai)

Gedan Hineri Mae Keri

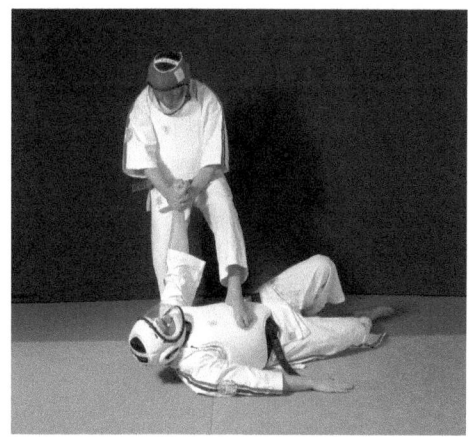

ASHI WAZA

Dai Ikkyo

Hangeki:
Stand: Migi Neko Ashi Dachi
Haltung: Shuto Chudan Kamae
Kogeki:
Stand: Migi Neko Ashi Dachi
Haltung: Seiken Chudan Kamae

Angriff:
Chudan Oi Mae Keri

Verteidigung:
Soto Gedan Barrai

Konter:
Jodan Hineri Mae Zuki

Chudan Choku Zuki

Jodan Hineri Mawashi Keri

Jodan Ushiro Kaiten Keri

Chudan Hineri Mae Zuki

Dai Nikkyo

Hangeki:
Stand: Migi Tsuru Ashi Dachi
Haltung: Shuto Jodan Kamae
Kogeki:
Stand: Migi Tsuru Ashi Dachi
Haltung: Seiken Jodan Kamae

Angriff:
Chudan Hineri Mae Keri

Verteidigung:
Uchi Gedan Barrai

Konter:
Jodan Hineri Mae Zuki

Jodan Oi Mawashi Keri

Jodan Ura Mawashi Keri

Chudan Hineri Mae Keri

Jodan Choku Zuki

Dai Sankyo

Hangeki:
Stand: Migi Zenkutsu Dachi
Haltung: Shuto Gedan Kamae
Kogeki:
Stand: Migi Zenkutsu Dachi
Haltung: Seiken Gedan Kamae

Angriff:
Chudan Yoko Keri

Verteidigung:
Sukui Uke

Konter:
Jodan Ushiro Kaiten Keri

Jodan Uraken Uchi

Gedan Hineri Mawashi Keri

Jodan Mawashi Keri

Jodan Uraken Uchi

Dai Yonkyo

Hangeki:
Stand: Migi Sotobiraki Jigotai Dachi
Haltung: Shuto Hasso Kamae
Kogeki:
Stand: Migi Sotobiraki Jigotai Dachi
Haltung: Seiken Hasso Kamae

Angriff:
Jodan Mawashi Kaiten Keri

Verteidigung:
Soto Kosa Uke

Konter:
Chudan Hineri Mae Keri

Jodan Choku Zuki

Ushiro Kaiten Gari

Gedan Hineri Mae Zuki

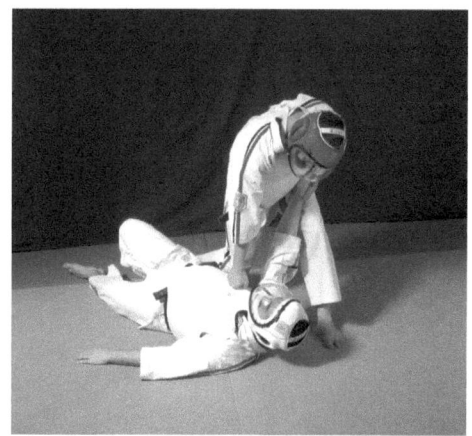

Dai Gokyo

Hangeki:
Stand: Migi Shizentai Dachi
Haltung: Shuto Shizen Kamae
Kogeki:
Stand: Migi Shizentai Dachi
Haltung: Seiken Shizen Kamae

Angriff:
Jodan Ushiro Kaiten Keri

Verteidigung:
Uchi Kosa Uke

Konter:
Chudan Oi Mae Keri

Jodan Choku Zuki

Ko Soto Gari (Ashi Barrai)

Gedan Mawashi Keri

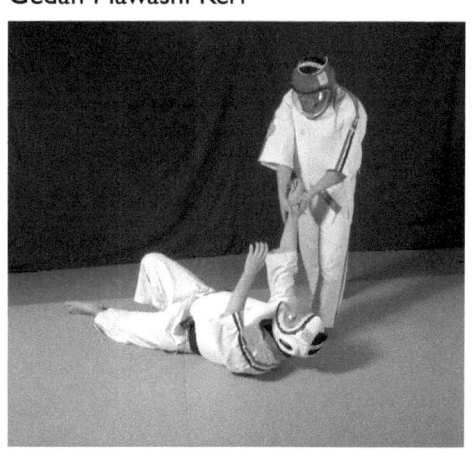

DIE ETHIK DER KAMPFRICHTER

Kampfrichter und Fahnenrichter müssen die folgenden Punkte immer vor Augen haben:

1. Kampfrichter und Fahnenrichter müssen immer absolut neutral und unparteiisch sein.
2. Kampfrichter und Fahnenrichter müssen immer mit Würde und Selbstbeherrschung handeln.
3. Kampfrichter und Fahnenrichter müssen mit äußerster Aufmerksamkeit und Konzentration jedes Detail des Wettbewerbes oder Kampfes beobachten, dem sie beiwohnen, damit sie jede Bewegung der Wettkämpfer gut beurteilen können.
4. Während eines Kampfes dürfen sich nur der Schlichter, Kampfrichter und Fahnenrichter miteinander besprechen. Sie dürfen nicht mit Zuschauern oder anderen Personen sprechen. Der Kampfrichter gibt alle Kommandos und macht alle Ankündigungen. Normalerweise teilen sich die Fahnenrichter ausschließlich durch den Gebrauch ihrer Fahnen mit. Sie sollten jedoch miteinander reden, um die Aufmerksamkeit des Schiedsrichters auf sich zu ziehen, oder falls sie zu einer Entscheidung durch den Kampfrichter aufgerufen werden.
5. Die Qualität der Beurteilung und Haltung, die von den Kampfrichter und Fahnenrichter gezeigt wird, hat eine tiefe Wirkung auf den Fortschritt der Ausführung des Koshiki Contact Karatedo Wettbewerbs. Es ist deshalb erforderlich, daß jeder Kampfrichter und Fahnenrichter beispielhafte Effizienz, Geschwindigkeit und vorbildliches Verhalten in der Darstellung der Wertung demonstriert.

Zusammenfassend kann man sagen, dass es absolut notwendig für die Offiziellen wahrer Kampfkunst (Budo) ist, nicht nur zu schlichten und zu sichern, sondern auch fortzubilden. Um dies zu können, müssen sie in der Ausbildung überlegen sein, Erfahrung haben, und gegenüber den Wettkämpfern über ein viel größeres Wissen verfügen. Auf diese Weise, und nur so, kann der wahre Geist des Budo und des wahren Kampfes aufrechterhalten werden. Der Kampf wird kontrolliert und mit den höchstmöglichen Maßstäben durchgeführt. Dieses ist der Geist, der die Basis des Koshiki Contact Karatedo bildet.

DIE AUSDRÜCKE, METHODEN UND BEDEUTUNG DER SIGNALE, DIE DURCH DIE KAMPFRICHTER UND RICHTER BENUTZT WERDEN.

Kampfrichter Terminologie und Handsignale:

Ausdruck	Bedeutung	Definition; Beschreibung der Bewegung der Richter
1. Shomen ni Rei	Verbeugung zur Frontseite	Der Richter zeigt mit beiden Handflächen zum Shomen.
2. Shinpan ni Rei	Verbeugung zu den Schiedsrichtern	Der Richter dreht seine Hände mit den Handflächen zum eigenen Körper.
3. Otagai ni Rei	Verbeugung zueinander	Der Richter bringt die Handflächen gegenüber, als wolle er die Wettkämpfer zusammenführen.
4. Shobu Ippon Hajime	Beginn des Kampfes	Beginn des Kampfes: Der Richter steht wie schon beschrieben.
5. Yame	Beenden, Halt	Unterbrechen des Kampfes, der Richter bringt die Hand wie bei einem Schnitt nach unten (Shuto).
6. Motono Ichi	Ausgangsposition einnehmen	Wettkämpfer und Richter gehen zurück zur Grundposition.
7. Waza-ari	Punkt	Punktewertung, der Richter wertet die jeweiligen Punkte (1-5).
8. Aka Waza-ari (ein Punkt) & Shiro Waza-ari (zwei Punkte)	ein Punkt rot & zwei Punkte weiß	Der rechte Arm wird auf die ein Punkt Position ausgestreckt, der linke auf die zwei Punkte Position.
9. Aka Waza-ari (drei Punkte) & Shiro Waza-ari (ein Punkt)	drei Punkte rot & ein Punkt weiß	Der rechte Arm wird auf die drei Punkte Position ausgestreckt, der linke auf die ein Punkt Position.

10. Aka Waza-ari (zwei Punkte) & Shiro Waza-ari (vier Punkte)	zwei Punkte rot & vier Punkte weiß	Der rechte Arm wird auf die zwei Punkte Position ausgestreckt, der linke auf die vier Punkte Position.
11. Aka Waza-ari (fünf Punkte) & Shiro Waza-ari (ein Punkt)	fünf Punkte rot & ein Punkt weiß	Der rechte Arm wird auf die fünf Punkte Position ausgestreckt, der linke auf die ein Punkt Position.
12. Ai-uchi waza-ari	gleichzeitige Technik	Punkte für beide Kämpfer, Fäuste vor die Brust zusammenbringen, dann die Anzeige der Punkte.
13. Tsuzukete Hajime	Achtung beginnen, Wiederbeginn	Kampfrichter in die beschiebene Position, in Zenkutsu dachi und die Hände kommen von außen nach innen zum Körper.
14. Tsuzukete	Weiter	Aufforderung zum Weiterkämpfen wenn der Kampf nicht unterbrochen wurde.
15. Torimasen	inakzeptabel, ungültige Technik	Die Arme sind vor der Brust gekreuzt und werden in 45 Grad seitwärts vor die Hüfte nach unten gebracht, Handflächen zeigen nach unten.
16. Jogai	außerhalb der gültigen Kampffläche	Der Kämpfer hat die Kampffläche verlassen.
17. Jogai chui	Verwarnung zum Verlassen der Grenzen	Der Richter zeigt auf die Füße des Kämpfers und gibt dann einen Punkt dem Gegner.
18. Hansoku chui	Verwarnung für Foul	Der Richter zeigt zum Bauch des Kämpfers und gibt dann einen Punkt dem Gegner.
19. Hansoku	Foul	Der Richter zeigt zum Gesicht des Täters und gibt Ippon dem Gegner (Sieg).

20. Mukogeki keikoku	Warnung für Verzögerung	Der Richter zeigt auf den Bauch des Kämpfers, dann kreist er beide Hände vor dem eigenen Bauch.
21. Mukogeki chui	Strafe für Verzögerung	Der Richter zeigt auf den Bauch des Kämpfers, dann kreist er die Hände vor dem eigenen Bauch und gibt dann dem Gegner einen Punkt.
22. Aka (shiro) Ippon	Ippon für rot (weiß)	Entscheidene gewinnbringende Technik, der Arm geht senkrecht nach oben.
23. Aka (shiro) no kachi	Sieg für rot (weiß)	Der entsprechende Arm wird senkrecht in die Höhe gebracht.
24. Nukeru	Technik verfehlt	Der Richter zeigt an das die Technik verfehlte.
25. Soreru	nicht getroffene Technik	Der Richter zeigt an das die Technik nicht traf.
26. Uketeru	geblockte Technik	Der Richter zeigt an das die Technik vom Gegner geblockt wurde.
27. Shiro (Aka) kiken, Aka (Shiro) no kachi	Aufgabe von weiß (rot), Sieg für rot (weiß)	Der Richter zeigt auf die Stelle des Kämpfers und gibt Ippon dem Gegner.
28. Shikkaku	Disqualifikation	Der Richter zeigt zum Gesicht des Kämpfers, dann außerhalb der Kampffläche und gibt dann Sieg für den Gegner.
29. Ato shibaraku	Wenig Zeit übrig, Restkampfzeit	Ausruf wenn der Zeitnehmer die letzten 30 Sekunden ansagt.
30. Jikan	Zeit	Ausruf zum Zeitnehmer, die Kampfzeit zu unterbrechen.
31. Soremade	bis hier hin, das ist alles	Kampfzeit ist um, der Richter zeigt mit einer Handfläche nach vorn.
32. Hantei torimasu	Wertung	Der Richter erbittet die Wertung der Fahnenrichter durch einen langen Pfiff und einem kurzen Pfiff, um die Fahne wieder herunterzunehmen.

33. Hikiwake	Unentschieden	Die Arme sind vor der Brust gekreuzt und werden in 45 Grad seitwärts vor die Hüfte nach unten gebracht, Handfläche nach oben.
34. Enchosen	Verlängerung	Der Kampf wird mit „enchosen Hajime" wieder eröffnet.
35. Sai Enchosen	letzte Verlängerung	Der Kampf wird mit „sai enchosen Hajime" wieder eröffnet.
36. Akushu	Hände schütteln	Der Richter bringt die Handflächen zusammen und zeigt fairen Sportsgeist an.
37. Nyujo	betreten der Kampffläche	Der Richter zeigt mit den Händen nach innen, Handflächen innen.
38. Taijo	verlassen der Kampffläche	Der Richter zeigt mit den Händen nach außen, Handflächen außen.
39. Suwatte	absitzen	Die Hände zeigen an, sich abzusetzen, Handflächen nach unten bewegen.
40. Tatte	aufstehen	Die Hände zeigen an, aufzustehen, Handflächen nach oben bewegen.
41. Fukushin shugo	zusammenrufen der Richter	Der Hauptkampfrichter nimmt beide Arme nach oben in Anwesenheit des Schlichters.

Shomen	Ni	Rei
Shinpan	Ni	Rei
Otagai	Ni	Rei

Shobu	 Ippon	 Hajime

Yame		 Yame

	Moto no	 Ichi

Aka waza-ari

ein Punkt

zwei Punkte

drei Punkte

vier Punkte

fünf Punkte

Aka ein Punkt Shiro zwei Punkte Aka drei Punkte

Shiro ein Punkt Aka zwei Punkte Shiro vier Punkte

Aka fünf Punkte	 Shiro ein Punkt	 Aiuchi
 waza-ari	 ein Punkt	 zwei Punkte
 Tsuzukete		 Hajime

65

Torimasen

Shiro jogai chui   Aka waza-ari   ein Punkt

Shiro hansoku chui   Aka waza-ari   ein Punkt

Shiro hansoku

Aka no kachi

Shiro mukogeki

chui

Aka waza-ari

ein Punkt

Aka

Ippon

| Aka | No | Kachi |

| Nukeru | Soreru | Uketeru |

| Shiro kiken | Aka no kachi |

Shiro Shikkaku   Aka no kachi

Soremade   Hantei torimasu   Hikiwake

Akushu

Nyujo

Taijo

Suwatte

Tatte

Fukushin

Shugo

Fahnenrichter Terminologie und Handsignale:

Ausdruck	Bedeutung	Definition; Beschreibung der Bewegung des Richters
1. Teiichi	Grundposition	
2. Shiro (Aka)-Ippon	Ippon für Weiß (Rot)	Eine Fahne ist nach oben gehoben.
3-7. Waza-ari	Punkt	Der Richter zeigt mit der Fahne die jeweiligen Punkte an.
8. Jogai	Außerhalb der gültigen Kampffläche	Mit der Fahne stark auf den Boden klopfen.
9-11. Ai-uchi	gleichzeitige Technik	Die Fahnen werden vor dem Körper mit den Spitzen aneinander gehalten, dann der Wert angezeigt.
12. Torimasen	keine Wertung ungültige Technik	Die Technik wurde nicht als effektiv anerkannt; Die Fahnen wiederholt vor den Knien kreuzen.
13. Hansoku chui	Verwarnung für Foul	Die Fahne in kleinen Kreisen auf Schulterhöhe schwenken.
14. Hansoku	Foul	Die Fahne in großen Kreisen über dem Kopf schwenken.
15. Mienai	nicht gesehen	Die Fahnen gekreuzt vor die Augen halten.
16. Hikiwake	Unentschieden	Die Fahnen gekreuzt über den Kopf halten.
17. Shiro (aka) no Kachi	Sieg für Weiß (Rot)	Eine Fahne ist in Richtung des Gewinners nach oben gehoben.
18. Igiari	Aufmerksamkeit der Richter anrufen	Die Fahnen sind über dem Kopf gekreuzt und werden aneinander geschlagen.
19. Mukogeki	Warnung für Verzögerung	Die Fahnen vor dem Körper kreisen und auf den Kämpfer zeigen.
20. Kawasu	dem Kampf ausweichen	Der Richter nimmt den Stuhl aus dem Weg der Kämpfer.

Teiichi	Ippon

ein Punkt	zwei Punkte	drei Punkte

vier Punkte	fünf Punkte	Jogai

Aiuchi	Aka, Shiro waza-ari ein Punkt	Aka, Shiro waza-ari zwei Punkte
Torimasen	Hansoku chui	Hansoku
Mienai	Hikiwake	Aka no kachi

Igiari

Mukogeki

Kawasu

Kawasu

2. DER KATA WETTBEWERB

THEORIE DES KATA WETTBEWERBS

Die Teilnehmer des Kata Wettbewerbs demonstrieren nacheinander ihre aus der Liste gewählten, Kata. Die Bewertung erfolgt nach Punkten durch fünf Kampfrichter. Es gibt zunächst eine Eliminierungsrunde, um die Teilnehmer für die Endrunde zu bestimmen.
In der Endrunde muss eine weitere Kata gezeigt werden und der Sieger wird ermittelt.
In der offiziellen registrierten Liste sind die Hauptkata aus dem Shorinjiryu Kenkokan, Gojuryu, Wadoryu, Shotokan und Shitoryu enthalten. Die Einteilung der Wettbewerbskategorien erfolgt in Junioren und Senioren (Männer und Frauen).

DIE REGELN DES KATA WETTBEWERBS

Artikel 3:   Organisation des Wettbewerbes

1. Der Kata- Wettbewerb wird nur von Einzelpersonen ausgeführt.
2. Der Wettbewerb wird in die folgende Kategorien eingeteilt:
Junioren Frauen; Junioren Männer; Senioren Frauen; Senioren Männer

Artikel 4:   Richtergremium

1. Der Wettbewerb wird mittels eines Schiedsrichter und vier Eckenrichtern durchgeführt, die vorher durch den obersten Schiedsrichter ausgewählt wurden. Falls es eine ungenügende Anzahl Richter gibt, kann der oberste Schiedsrichter einen Schiedsrichter und zwei Eckenrichter ernennen.
2. Der Schiedsrichter wird in der vorderen zentralen Position sitzen, während die Eckenrichter Positionen in jeder der vier Ecken einnehmen.

Artikel 5:   Ablauf des Wettbewerbs

1. Wenn der Name eines Wettkämpfers vom Ansager aufgerufen wird, betritt der Wettkämpfer die Kampffläche direkt gegenüber dem Schiedsrichter. Vor dem Be-

treten der Kampffläche muss sich der Wettkämpfer verbeugen (Nyujo) und zur bezeichneten Grundposition gehen. Der Wettkämpfer verbeugt sich dann vor dem Schiedsrichter (Shomen ni rei) und sagt mit lauter Stimme und Kiai den Namen der Kata an. Auf den Ruf des Schiedsrichters „Hajime" (Beginnen) hin, beginnt der Wettkämpfer mit seiner Ausführung.

2. Nach Vollendung der Ausführung kehrt der Wettkämpfer zur bezeichneten Grundposition zurück und wartet auf die Ankündigung der Ergebnisse durch die Schiedsrichter. Der Wettkämpfer verbeugt sich dann zum Schiedsrichter (Shomen ni rei) und zieht sich rückwärtsgehend zurück, wobei er sich beim Verlassen der Kampffläche verbeugt (Taiyo).

3. Alle Belange, die sich auf die Ausführung beziehen, werden allein vom Kampfrichter gehandhabt.

Artikel 6:   Sieg und Niederlage

1. Die Ergebnisse für jeden Wettkämpfer werden durch Addition der Punkte entschieden, die jeder der beurteilenden Richter vergibt. Jeder Richter kann einem Wettkämpfer bis höchstens zehn Punkte geben, die in einem Punktebereich liegen müssen, der vom Kampfrichterrat vorher festgelegt wurde.

2. Das höchste und das tiefsten Resultat, das ein Wettkämpfer erhält, wird vom Gesamtergebnis abgezogen. Das Ergebnis des Hauptschiedsrichters wird nie gestrichen.

3. Am Ende der Vorrunde, wird eine vorbestimmte Zahl von Konkurrenten ausgewählt, um zur nächsten Runde fortzufahren. Dieses Verfahren wird bis zur Schlussrunde wiederholt, in welcher der Sieger ermittelt wird. Das alleinige Kriterium für die Auswahl zur nächsten Runde oder für die Auswahl der Schlußrunden Teilnehmer sind die berechneten Ergebnisse der durch die Schiedsrichter verteilten Punkte (gemäß Punkt 1. u. 2).

4. Kommt es zu einem Unentschieden, wird erst das Ergebnis des Hauptkampfrichters verglichen dann die gestrichenen Ergebnisse (die höchste und die niedrigste Punktzahl) der betroffenen Wettkämpfer, um so ein Ergebnis zu bekommen. Als erstes werden die tieferen Ergebnisse, die gestrichen wurden, verglichen. Falls es so noch zu keinem Ergebnis kommt, werden die jeweils höheren Ergebnisse, die gestrichen wurden, verglichen. Wenn die Ergebnisse dann immer noch gleich sind, werden die Wettkämpfer gebeten, eine andere Kata auszuführen, um den Wettkampf zu entscheiden.

KATA AUSTRAGUNGSFLÄCHE

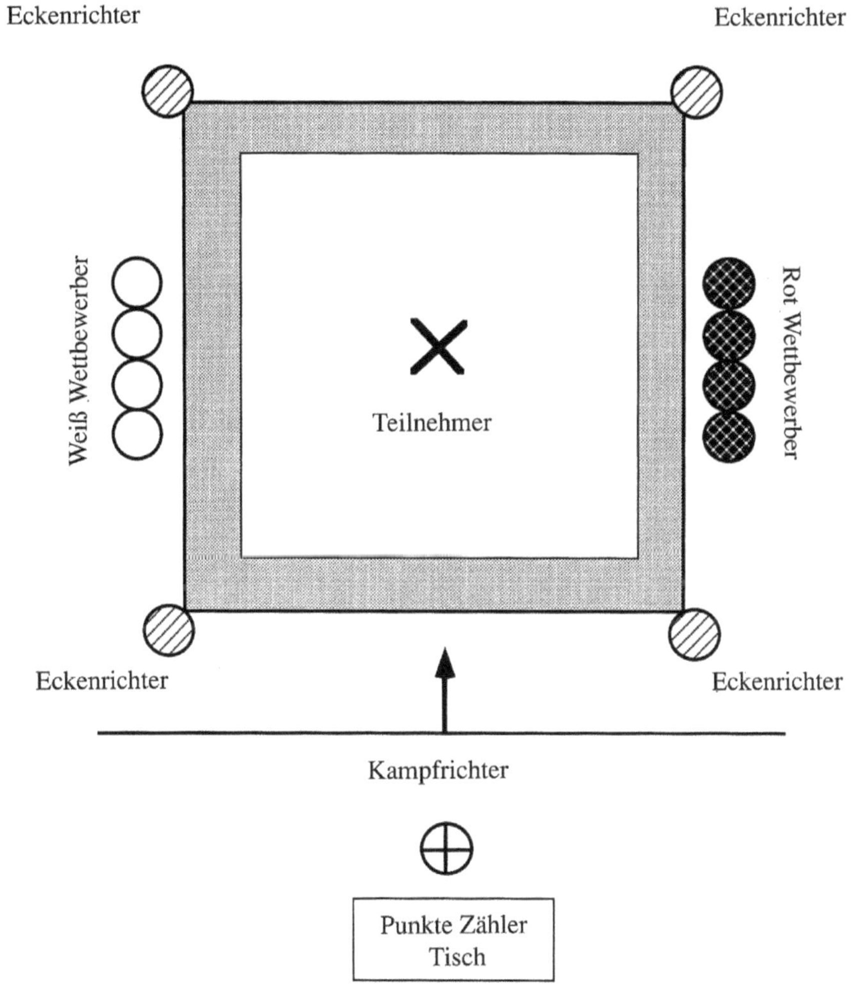

BEURTEILUNGSKRITERIEN DES KATA WETTBEWERBS

Artikel 2: Beurteilungsmethode

1. Ein Wettbewerb wird von einem Hauptkampfrichter und vier (4) Kampfrichtern geleitet. Zusätzlich stehen Ansager, Protokollführer und Überwacher zur Verfügung, um einen reibungslosen Ablauf zu gewährleisten.
2. **Ansager.** Ein Ansager, welcher einem Wettstreit beiwohnt, wird dem Protokollführer die Punkte in vereinbarter Form und Reihenfolge, welche durch den Hauptkampfrichter und Kampfrichter gegeben wurden, fortlaufend im Uhrzeigersinn- beginnend mit dem Hauptkampfrichter - ansagen.
Der Ansager soll laut und deutlich für den Protokollführer, den Überwacher und die Kampfrichter die Punkte verlesen.
3. **Protokollführer.** Ein Protokollführer soll auf einem vorgegebenen „Punkte Verzeichnisblatt" korrekt die angesagten Punkte schriftlich festhalten. Es wird von ihm erwartet, dass er gemäß Artikel 3 (Beurteilungsart Punkt 4) ordnungsgemäß die gegebenen Punkte notiert.
4. **Schlichter.** Ein Schlichter wird die folgenden Funktionen ausführen, um den reibungslosen Ablauf zu gewährleisten:
a. Alles, was für den reibungslosen Ablauf des Wettbwerbes notwendig ist;
b. Kontakt mit den Wettkämpfern;
c. Kontakt mit den Kampfrichtern;
d. Tadelloses Benehmen im Austragungsgebiet;
e. Alle Dinge, die von der Organisation als notwendig betrachtet werden können.

Artikel 3: Beurteilungsart

1. Die Wettkämpfer werden aufgefordert entweder eine „ Toroku „ Kata (Registrierte Kata) oder eine „ Tokui „ Kata (Lieblings- Kata) gemäß den Kata Wettbewerbsregeln auszuführen.
2. Hantei (Entscheidung) der beurteilenden Kampfrichter.
a. Alle Kampfrichter zeigen, auf das Signal des Hauptkampfrichters hin, gleichzeitig bei Hantei die zuerkannten Punkte, welche in einem Bereich sein sollen, der vom Hauptkampfrichter vorher bezeichnet worden ist.
b. Von den Hantei Punkten, die von den Kampfrichtern zuerkannt wurden, wird die höchste und die tiefste Punktzahl (Nicht jedoch die des Hauptkampfrichters) eliminiert. Die Punkte, die vom Hauptkampfrichter und den restlichen Kampf-

richtern dann zuerkannt wurden, müssen zusammengezählt und das Ergebnis dem Wettbewerber verkündet werden.

Artikel 4: Beurteilungskriterien

1. Die folgenden Kriterien liegen der Beurteilung einer Kata Ausführung zugrunde (kata no hantei no yoso):
a. Die Art und Haltung des Darstellers (reigi saho to taido);
b. Der Ausdruck seines/ ihres Leistungsniveaus in der Kampfkunst Ausbildung (tanren no do-ai);
c. Konzentration, technische Stärke und Vollständigkeit der Ausführung (kime to zanshin);
d. Ausdruck inneren Kampfgeistes (seishin ryoku);
e. Harmonie und Rhythmus der Ausführung (choshi).
2. Zusätzlich soll das beurteilende Gremium Gebrauch und Verständnis der fünf Elemente der Kata Ausführung betrachten.
a. **Mettsuke**. Kontrolle der Blickrichtung, wann und wohin man sieht, Verständnis des Zieles, des Gegners Absicht, Technik und Strategie. Verbindung des Ausdrucks von Selbstvertrauen und Kampfgeist.
b. **Kokyu**. Atemkontrolle. Wann man ein und ausatmet und wie der Atem während einer besonderen Reihenfolge einbehalten wird. Auch wie gut der/ die Darsteller/ in Kontrolle seines/ ihres Geistes, Körper und Technik als Ganzes zeigt.
c. **Chikara no kyojaku**. Energiekontrolle. Einsetzen von Kraft und Entspannung. Besonders in den Grundkata erfordern offensive Techniken, Kraft und defensive Techniken beinhalten die Entspannung.
d. **Waza no kankyu**. Geschwindigkeitskontrolle. Kombination von schnell und langsam. Offensive Techniken werden oft schneller als Defensive ausgeführt und damit auch der Rhythmus der Kata beeinflußt.
e. **Tai no shinshuku**. Körper- und Bewegungskontrolle. Beinhaltet das Erweitern und Zusammenziehen von Bewegungen. Ausbreitung geschieht mit offensiven Bewegungen und zusammenziehen bei defensiven Techniken.

Artikel 5: Disqualifizierung

Ein Wettkämpfer wird disqualifiziert, wenn er/ sie die Ausführung der Kata unterbricht oder wenn er/ sie eine Kata ausführt, die nicht mit der angesagten Kata übereinstimmt.

ALTERNATIVES BEWERTUNGSSYSTEM

Im Jahre 2010 führte die WKKF ein alternatives Bewertungssystem für den Kata- und den Kata Bunkai Kumite Wettbewerb ein.

Artikel 4: Richtergremium

1. Der Wettbewerb wird mittels drei Schiedsrichter durchgeführt, die vorher durch den obersten Schiedsrichter ausgewählt wurden.
2. Die Schiedsrichter werden in der vorderen zentralen Position sitzen.

Artikel 6: Sieg und Niederlage

1. Die Ergebnisse für jeden Wettkämpfer werden durch Addition der Punkte entschieden, die jeder der beurteilenden Richter vergibt. Jeder Richter kann einem Wettkämpfer bis höchstens fünf Punkte in den einzelnen Kategorien geben.
2. Am Ende der Vorrunde, wird eine vorbestimmte Zahl von Konkurrenten ausgewählt, um zur nächsten Runde fortzufahren. Dieses Verfahren wird bis zur Schlußrunde wiederholt, in welcher der Sieger ermittelt wird. Das alleinige Kriterium für die Auswahl zur nächsten Runde oder für die Auswahl der Schlußrunden Teilnehmer sind die berechneten Ergebnisse der durch die Schiedsrichter verteilten Punkte (gemäß Punkt 1.).

Artikel 7: Beurteilungskriterien

Alle Beurteilungen werden in Anlehnung und gemäß den Kriterien in den dargelegten Kriterien zur Beurteilung des Kata- Wettbewerbes ausgeführt.

Kata Score Sheet

No.:   Name of Contestant:

Referee: Name of Kata:

精神(心法) Mind Component	Eye Contact	1	2	3	4	5
	Breath Control	1	2	3	4	5
	Fighting Spirit	1	2	3	4	5
	Courtesy	1	2	3	4	5
技術点 Technical Component	Speed Control	1	2	3	4	5
	Power Control	1	2	3	4	5
	Body Control	1	2	3	4	5
	Height of Kick	1	2	3	4	5
気合と身体 Spirit and Body Component	Perfect Completion	1	2	3	4	5
	Total Level of Developement	1	2	3	4	5
Total Points						

No.:   Name of Contestant:

Referee: Name of Kata:

精神(心法) Mind Component	Eye Contact	1	2	3	4	5
	Breath Control	1	2	3	4	5
	Fighting Spirit	1	2	3	4	5
	Courtesy	1	2	3	4	5
技術点 Technical Component	Speed Control	1	2	3	4	5
	Power Control	1	2	3	4	5
	Body Control	1	2	3	4	5
	Height of Kick	1	2	3	4	5
気合と身体 Spirit and Body Component	Perfect Completion	1	2	3	4	5
	Total Level of Developement	1	2	3	4	5
Total Points						

WESENTLICHE ANMERKUNGEN ZUR THEORIE UND TRAINING VON KATA

Im Wesentlichen sind Kata sorgfältig ausgewählte und systematisierte Sammlungen von Körperbewegungen, Haltungen, Techniken und geistigen Haltungen, die im Karatedo hervorgehoben werden. Kata ist eine der zentralen Ausbildungsmethoden des Karatedo und verschiedene Kata werden in den verschiedenen Stufen in der Entwicklung eines Karatekas studiert.

Kata wird im Allgemeinen allein gegen einen oder mehrere imaginäre Gegner ausgeführt. Das Ziel ist, jede Haltung, Bewegung, Technik und geistige Einstellung durch konstante und kontinuierliche Wiederholung feinzuschleifen und dadurch tiefe Wertschätzung und Verständnis der einzelnen Bestandteile, die eine Kata ausmachen, zu entwickeln.

Um dieses zu erreichen, erfordert es Entschlossenheit und einen offenen Geist und es heißt, dass man beim Training von Kata, auch bereit sein muss, sich selbst zu konfrontieren und zu überwinden.

Obwohl es eine große Anzahl Kata gibt, die in den verschiedenen Ausrichtungen des Karatedo heute ausgeübt werden, gab es ursprünglich nur eine begrenzte Zahl umfangreicher Kata. Mit der Zeit haben verschiedene Meister zu der Entwicklung und Verfeinerung der Kata beigetragen, was zu der großen Vielfalt und Variation führte, die heute existiert. Jede einzelne Kata und ihre Variationen verkörpern die wesentlichen Überzeugungen und Stärken des verantwortlichen Meisters dieser Art. Das Üben von Kata ist wie das Gehen in den Fußstapfen der Meister, und man sollte deshalb die Bedeutungen, Techniken und Strategien zu verstehen suchen, die der Meister weiterzugeben beabsichtigte.

Kata gehören zu den führenden Aspekten des Karatedo, da jede Kata alle grundlegenden Philosophien, Techniken und Strategien beinhaltet. Zum Beispiel spiegelt sich der Spruch „Karatedo beginnt und endet mit Höflichkeit" in den Eröffnungs- und Abschlussformeln der Kata (kaishurei und keshurei) wieder, genauso wie „Karate ni sente nashi" (es gibt keinen ersten Angriff im Karate) durch die Tatsache hervorgehoben wird, dass nur Verteidigungstechniken eingeschlossen sind und niemals Techniken, die einen Angriff provozieren sollen. Kata kann mit der Grammatik des Karatedo verglichen werden und wie in einer Sprache, muss man das ganze Rahmenwerk verstehen, bevor man sich richtig ausdrücken kann.

Ein einzigartiger Aspekt von Kata als Ausbildungsmethode ist, dass Kata von jeder Person (ohne Rücksicht auf Alter, Geschlecht oder physischen Zustand), überall und jederzeit gelernt werden kann. Es wird keine spezielle Ausrüstung gebraucht und die Kata kann an den physischen Zustand des Übenden angepasst werden. Jüngere Studierende mögen Geschwindigkeit und Energie betonen, während ältere Übende die Betonung auf das Ausbreiten und Zusammenziehen der Körperbewegung und die Vollkommenheit der Technik legen. Derart ausgeübt kann Kata hervorragend zu der positiven Entwicklung aller Karateka beitragen. Aus diesem Grund wurden Kata mit dem Ziel verfasst, eine ausgeglichene Entwicklung der Techniken auf beiden Seiten, links und rechts, zu erreichen.

Beim Üben von Kata sollte ein Karateka versuchen, seine oder ihre Ausführung durch Bewusstwerden und Anwenden der fünf Elemente der Kata-Ausführung (Kata no embu no itsutsu no yoso) zu perfektionieren: Augenkontrolle (metsuke), Atemkontrolle (kokyu), Energiekontrolle (chikara no kyojaku), Geschwindigkeitskontrolle (waza no kankyu) und Körper- und Bewegungskontrolle (tai no shin shuku).

Die Übung von Kata, die physischen Bewegungen des Stoßes, Tretens und Blockens, steigern die Blutzirkulation und den Fluss von Ki im Körper. Dieses erhöht die Aufmerksamkeit des Geistes und der Seele. Daher ist Kata ein Ausdruck aktiver Zen-Meditation.

Vollkommenheit dieser Elemente kann durch das Erlernen von Kata nach und nach erreicht werden. Zuerst sollten die Bewegungen korrekt gelernt und langsam ausgeführt werden. Dann sollte allmählich die Energie verstärkt werden, darauf konzentriert, wo Energie betont werden soll. Auf ähnliche Weise soll dann die Geschwindigkeit erhöht werden, mit Konzentration darauf, welche Bewegungen schnell oder langsam ausgeführt werden sollten. Der nächste Schritt konzentriert sich auf die Körperbewegungen, zu lernen, wann man sich ausdehnt und wann zusammenzieht, wann hoch und wann niedrig zu sein. Sobald diese Stufen erreicht sind, sollte der Karateka alles zusammensetzen und einen individuellen Rhythmus und Harmonie in der Ausführung entwickeln.

Um das Verständnis von Kata wahrhaftig zu perfektionieren, ist es unbedingt notwendig, sich die Bewegungen und Techniken des/der imaginären Gegner(s) im Geiste vorzustellen. Letztendlich ist Kata der Ausdruck einer Kampfsituation und dies muss sich in der Darbietung widerspiegeln.

Die Entwicklung dieses Bewusstseins wird durch ein Studium der Anwendung (bunkai) der Kata gewonnen. Bunkai kann auf fünf Ebenen studiert werden: die offensichtliche Anwendung (omote waza), die alternative Anwendung (ura waza), die versteckte Anwendung (kakushi waza), die sich entwickelnde Anwendung (henka waza) und die aufopfernde Anwendung (sutemi waza).

Während sich Studierende zu jeder Zeit dieser Anwendungen bewusst sein sollten, sollten bei dem Studium der Kata unterschiedliche Schwerpunkte in verschiedenen Stadien des Fortschritts gesetzt werden. Zum Beispiel sollten Schüler unterhalb des Schwarzgurtes ihr Hauptaugenmerk darauf richten, mit den Bewegungen und Techniken der Kata zurechtzukommen, ebenso wie ein Schwarzgut, der mit dem Studium einer neuen Kata beginnt. Schüler um den ersten Dan werden sich darauf konzentrieren, omote waza für eine Kata, die sie gut kennen, zu entwickeln, ein Träger des zweiten Dan wird ura waza Anwendungen studieren, ein dritter Dan wird die Erforschung von kakushi waza Anwendungen hervorheben, ein vierter Dan wird sich auf das Verständnis von henka waza Anwendungen konzentrieren und ein fünfter Dan wird die Bedeutungen von sutemi waza Anwendungen betrachten. Es muss noch einmal betont werden, dass obwohl diese Gebiete in unterschiedlichen Stufen hervorgehoben werden, alle Gebiete immer berücksichtigt werden sollten.

Das Studium der Anwendungen ist eng mit dem Konzept des Shu Ha Ri verbunden, dem Prinzip der verschiedenen Lernzyklen in der Entwicklung eines Karatekas. Obwohl Shu Ha Ri ein Konzept ist, dass nicht direkt an eine bestimmte Graduierung gebunden werden kann, zeigen langfristige Trends, dass der Shu Level des direkten Studiums vom "Weg des Lehrers", abhängig von der Einzelperson, bis etwa zum zweiten Dan fortgeführt werden sollte und somit die omote waza und ura waza Anwendungen integriert. Das Ha Stadium des Experimentierens und Forschens setzt sich von da an bis etwa zum vierten Dan fort und umfasst somit kakushi waza und henka waza Anwendungen. Ab etwa fünfter Dan Stufe sollte der Schüler anfangen, über die Lehren hinaus zu gehen und seinen oder ihren eigenen "Stil innerhalb des Stils" zu entwickeln und damit in die letzte Stufe von Ri einzutreten, die das Studium der sutemi waza Anwendungen beinhaltet.

Oberhalb des fünften Dan Levels sollte das Studium aller fünf Stufen der Anwendung fortgeführt werden, wobei der Karateka eigene Philosophien und eigenes Verständnis hinsichtlich der Kata entwickelt.

In der Praxis kann die Anwendung einer Kata auf allen fünf Ebenen aus Techniken aller Gebiete des Karatedo bestehen. Eine Anwendung kann zum Beispiel aus Fauststößen, Tritten, Schlägen, Armhebeln, Würfen, Würge- oder Waffentechniken bestehen. Grundsätzlich kann gesagt werden, dass in der ersten Stufe, omote waza, die Mehrzahl der Techniken atemi waza, wie Fauststöße, Tritte und Schläge sind.

Solche Techniken sind repräsentativ für goho (harte) Techniken. In der nächsten Stufe, ura waza, liegt der Schwerpunkt auf Armhebeln, Würfen und Würge- Techniken, die für juho (weiche) Techniken charakteristisch sind. In der kakushi waza Stufe bestehen die Anwendungen aus Techniken beider vorangegangener Anwendungstypen, deren Mischung von Techniken gojuho (hart und weich) genannt wird. Auf der henka waza Stufe sollen die Techniken des Kata-Ausführenden sich zu Waffentechniken (buki ho) entwickeln. Waffen, die an die Bewegung angepasst werden können, sollten die kurze, mittlere und lange Distanz umfassen, wofür in dieser Reihenfolge das Sai, das Schwert (katana oder ken) und der Bo typische Beispiele sind. Die höchste Stufe des Kata Studiums beinhaltet das Erforschen von sutemi waza Anwendungen. Diese Stufe kann alle Techniken der vorangegangen Stufen als "Opferungs- Techniken" (d.h., in einer Konfrontation das Beste aus einer ausweglosen Situation zu machen) einbauen. Diese Stufe ist offensichtlich schwierig zu begreifen und setzt volles Verständnis der vorangegangenen Stufen voraus.

Es sollte betont werden, dass es in allen Stufen der Anwendung einen, zwei oder mehrere Angreifer geben kann, die unbewaffnet oder wie oben beschrieben bewaffnet sein können. In einer Situation mit mehreren Gegnern kann es eine Kombination von bewaffneten und unbewaffneten Angreifern geben und beim Studium der Anwendung von jeder Kata sollte man sich vieler Kombinationen von Situationen gegenwärtig sein. Beim Üben der Anwendung von Kata erweckt der Karateka die Bedeutung der Kata zum Leben und lernt den wahren Wert der Techniken, die von früheren und gegenwärtigen Meistern weitergegeben wurden. Kata sind eine dynamische und lohnende Trainingsmethode, die einen Eckpfeiler der modernen Karatepraxis bildet.

Die Shorinjiryu Kenkokan Karatedo Trainingsmethode

Kata Übungs- und Trainings Programm für die vier Jahreszeiten.

Für das Frühling Training – das Ki der Leber ist in dieser Zeit sehr aktiv. Versuchen Sie die Lebensenergie durch Harmonisierung der Leber und Galle zu wecken.
In diesem Zusammenhang werden als Kihon (Grund) Kata folgende Formen empfohlen:
Omote Form: Koshiki Naihanchin
Ura Form: Kudaka no Naihanchin
Kakushi Form - Grund Kata
In diesem Zusammenhang werden als Kaishu (Fortgeschrittenen) Kata folgende Formen empfohlen:
Omote Form: Koshiki Bassai
Ura Form: Kudaka no Sochin
Kakushi Form: Fortgeschrittene Kata

Für das Sommer Training - das Ki des Herzens ist in dieser Zeit sehr aktiv. Versuchen Sie den Ausgleich zwischen Körper und Geist herzustellen.
In diesem Zusammenhang werden als Kihon (Grund) Kata folgende Formen empfohlen:

Omote Form: Kudaka no Wankan
Ura Form: Koshiki Nujushiho
Kakushi Form - Grund Kata
In diesem Zusammenhang werden als Kaishu (Fortgeschrittenen) Kata folgende Formen empfohlen:
Omote Form: Kudaka no Seisan
Ura Form: Kudaka no Chinto
Kakushi Form: Fortgeschrittene Kata

Für das Herbst Training - das Ki der Lunge ist in dieser Zeit sehr aktiv. Versuchen Sie durch richtige Atmung das Schicksal zu ändern.
In diesem Zusammenhang werden als Kihon (Grund) Kata folgende Formen empfohlen:
Omote Form: Heian Shodan
Ura Form: Heian Yondan
Kakushi Form - Grund Kata
In diesem Zusammenhang werden als Kaishu (Fortgeschrittenen) Kata folgende Formen empfohlen:
Omote Form: Koshiki Kusanku
Ura Form: Kudaka no Kusanku
Kakushi Form: Fortgeschrittene Kata

Für das Winter Training - das Ki der Nieren ist in dieser Zeit sehr aktiv. Versuchen Sie, die Vitalität zu erhalten. Dann werden Sie voll von Stärke und Jugend bleiben.
In diesem Zusammenhang werden als Kihon (Grund) Kata folgende Formen empfohlen:
Omote Form: Kudaka no Happiken
Ura Form: Sankakutobi Sho
Kakushi Form - Grund Kata
In diesem Zusammenhang werden als Kaishu (Fortgeschrittenen) Kata folgende Formen empfohlen:
Omote Form: Kudaka no Nijushiho
Ura Form: Kudaka no Sankakutobi
Kakushi Form: Fortgeschrittene Kata

Liebe Leser die Kakushi Formen und die dazugehörigen Techniken bleiben den Meistern als Wissen vorbehalten und werden hier nicht angemerkt.

LISTE DER TOROKU (REGISTRIERTEN) KATA

1. Seisan: Kudaka no Seisan; Seisan; Seishan; Hangetsu
2. Bassai: Kudaka no Bassai; Koshiki Bassai; Matsumura no Bassai; Kyan no Bassai; Bassai Sho; Bassai Dai; Sukumine no Bassai
3. Chinto: Kudaka no Chinto; Koshiki Chinto; Chinto; Gankaku
4. Kusanku: Kudaka no Kusanku; Koshiki Kusanku; Shiho Kusanku; Kyan no Kushanku; Kushanku (Kanku) Dai; Kushanku (Kanku) Sho
5. Sochin: Kudaka no Sochin; Aragaki no Sochin; Sochin
6. Sankakutobi: Kudaka no Sankakutobi; Sankakutobi Sho
7. Happiken
8. Naihanchin: Kudaka no Naihanchin; Koshiki Naihanchin; Naihanchin (Tekki) Shodan, Nidan, Sandan
9. Nijushiho: Kudaka no Nijushiho; Nijushiho; Niseishi
10. Wankan: Kudaka no Wankan; Wankan; Matsukaze
11. Jion: Kudaka no Jion; Koshiki Jion; Jion
12. Saifua
13. Sanchin: Kudaka no Sanchin; Omote; Ura; Sanchin
14. Seipai
15. Seienchin
16. Heian: Heian (Pinan) Shodan, Nidan, Sandan, Yondan, Godan
17. Shorinken
18. Hakkyokuken
19. Gokyo
    Te Waza Kogeki Dai Ikkyo, Nikyo, Sankyo, Yonkyo, Gokyo
    Ashi Waza Kogeki Dai Ikkyo, Nikyo, Sankyo, Yonkyo, Gokyo
20. Taikyoku: Taikyoku Shodan, Nidan, Sandan
21. Ananko: Kudaka no Ananko, Kyan no Ananko, Ananko
22. Sansai
23. Rohai

3. DER KATA BUNKAI KUMITE WETTBEWERB

THEORIE DES KATA BUNKAI KUMITE WETTBEWERBS

Kata Bunkai Kumite ist die Anwendung der Kata. Sie beinhaltet die Demonstration von Juho (weicher Weg) - Wurf und Hebeltechniken, Goho (harter Weg) - Block-, Tritt-, Schlag- und Stoßtechniken, sowie Bukiho (Waffentechnik) - die Verteidigung gegen Bo (Langstock) und Katana (Schwert).
Ein Bunkai Kumite Team besteht aus drei Personen, wobei die Zentrale Person immer die Kata demonstriert und von den Partnern angegriffen wird. Die Plätze der Teilnehmer werden während der Kata Bunkai Kumite gewechselt. In der Regel erfolgt dies jedesmal, nachdem ein Teilnehmer in der zentralen Position der Kata alle vier oben beschriebenen Anwendungen in aufeinander folgenden Sequenzen gezeigt hat.
Die Wertung erfolgt wie im Kata Wettbewerb. Es werden von fünf Kampfrichtern Punkte vergeben. Auch hier kann das Alternative Bewertungssystem für Kata angewendet werden.
Im Weiteren werden vier Sequenzen aus der Kata Koshiki Bassai mit jeweils einem Beispiel einer Anwendung gezeigt.

DIE REGELN DES KATA BUNKAI KUMITE WETTBEWERBS

Artikel 3:   Organisation des Wettbewerbes

1. Beim Kata- Bunkai- Kumite- Wettbewerb besteht ein Team aus drei Personen.
2. Der Wettkampf wird in nur einer Kategorie ausgetragen.
3. Es können Senioren, Junioren, Frauen und Männer gemischt in einem Team sein. Die Wettkämpfer werden gefragt ob sie in Kata Bunkai Kumite entweder eine Toroku Kata (registrierte Kata) oder eine Tokui Kata (Favoriten Kata) ausführen wollen. In der Vorrunde wird ein Kata Bunkai Kumite der Toroku Kata ausgeführt. In den folgenden Runden kann ein Kata Bunkai Kumite der Tokui Kata ausgeführt werden, die der Toroku Kata, aus der Liste der Kata entspringt, oder eine andere Kata des Stiles oder der Schule des Wettkämpfers. Die Liste registrierter Kata wird regelmäßig von der Welt Koshiki Contact Karatedo Vereinigung aktualisiert.

4. Kata Bunkai Kumite besteht aus den Bereichen Goho (harte Weg, Block, Schlag, Stoß und Trittechniken), Juho (weiche Weg, Hebel – Haltetechniken (Gyaku), Würfe (Nage) usw.) und Bukiho (Waffentechniken, Bo und Katana).
5. Die Person in verteidigender Position der Ausführung darf sich nur ohne Waffen gegen Angriffe verteidigen, um dem Sinn des Karatedo zu entsprechen.
6. Die Verteidigerposition der Ausführung soll unter den teilnehmenden Wettkämpfern eines Teams wechseln.

BEURTEILUNGSKRITERIEN DES KATA BUNKAI KUMITE WETTBEWERBS

Artikel 1: Zweck

Diese Regeln sind erarbeitet worden, um ein ehrliches und unparteiisches Beurteilen zu gewährleisten und die Autorität der Hauptkampfrichter und Kampfrichter sicherzustellen.

Artikel 2: Beurteilungsmethode

1. Ein Kampf wird von einem Hauptkampfrichter und vier (4) Kampfrichtern geleitet. Zusätzlich stehen Ansager, Protokollführer und Schlichter zur Verfügung, um einen reibungslosen Ablauf zu gewährleisten.
2. **Ansager.** Ein Ansager, welcher einem Wettstreit beiwohnt, wird dem Protokollführer die Punkte in vereinbarter Form und Reihenfolge, welche durch den Hauptkampfrichter und Kampfrichter gegeben wurden, fortlaufend im Uhrzeigersinn- beginnend mit dem Hauptkampfrichter - ansagen.
Der Ansager soll laut und deutlich für den Protokollführer, den Überwacher und die Kampfrichter die Punkte verlesen.
3. **Protokollführer.** Ein Protokollführer soll auf einem vorgegebenen „Punkte Verzeichnisblatt" korrekt die angesagten Punkte schriftlich festhalten. Es wird von ihm erwartet, dass er gemäß Artikel 3 (Beurteilungsart) Punkt 4 ordnungsgemäß die gegebenen Punkte notiert.
4. **Schlichter.** Ein Schlichter wird die folgenden Funktionen ausführen, um den reibungslosen Ablauf zu gewährleisten:
a. Alles, was für den reibungslosen Ablauf des Wettbwerbes notwendig ist;
b. Kontakt mit den Wettkämpfern;
c. Kontakt mit den Kampfrichtern;

d. Tadelloses Benehmen im Austragungsgebiet;
e. Alle Dinge, die organisatorisch als notwendig betrachtet werden können.

Artikel 3: Beurteilungsart

1. Die Wettkämpfer werden aufgefordert entweder eine „Toroku" Kata (Registrierte Kata) oder eine „Tokui" Kata (Lieblings- Kata) gemäß den Kata- Wettkampfregeln auszuführen.
2. Hantei (Entscheidung) der beurteilenden Kampfrichter.
3. Alle Kampfrichter zeigen, auf das Signal des Hauptkampfrichters hin, gleichzeitig bei Hantei die zuerkannten Punkte, welche in einem Bereich sein sollen, der vom Hauptkampfrichter bezeichnet worden ist.
4. Von den Hantei Punkten, die von den Kampfrichtern zuerkannt wurden, wird die höchste und die tiefste Punktzahl (nicht jedoch die des Hauptkampfrichters) eliminiert. Die Punkte, die vom Hauptkampfrichter und den restlichen Kampfrichtern dann zuerkannt werden, müssen zusammengezählt und das Ergebnis dem teilnehmende Team verkündet werden.

Artikel 4: Beurteilungskriterien

1. Die folgenden Kriterien liegen der Beurteilung einer Kata Bunkai Kumite Ausführung zugrunde (Kata Bunkai kumite no hantei no yoso):
a. Die Art und Haltung der Darsteller (reigi saho to taido);
b. Der Ausdruck ihres Leistungsniveaus in der Kampfkunst Ausbildung (tanren no do-ai);
c. Konzentration, technische Stärke und Vollständigkeit der Ausführung (kime to zanshin);
d. Da dies ein Koshiki Contact Karatedo Wettkampf ist, ähnlich zum Kumite, in Kata Bunkai Kumite sollen Fußtechniken höher bewertet werden als andere Techniken.
e. Ausdruck inneren Kampfgeistes (seishin ryoku);
f. Harmonie und Rhythmus der Teilnehmer der Ausführung (choshi).
g. Technische Qualität, Umgang mit dem Waffem.
h. Technischer Realismus, saubere Ausführung.
i. Distanz und Timing
k. In Betrachtung der drei geistigen Haltungen. Zenshin (vorbereitender Geist), Tsushin (Konzentration) und Zanshin (Aufmerksamkeit nach der Ausführung)
2. Zusätzlich soll das beurteilende Gremium Gebrauch und Verständnis der fünf

Elemente der Kata Ausführung betrachten.

a. **Mettsuke**. Kontrolle der Blickrichtung, wann und wohin man sieht, Verständnis des Zieles, des Gegners Absicht, Technik und Strategie. Verbindung des Ausdrucks von Selbstvertrauen und Kampfgeist.
b. **Kokyu**. Atemkontrolle. Wann man ein und ausatmet und wie der Atem während einer besonderen Reihenfolge einbehalten wird. Auch wie gut der/ die Darsteller/ in Kontrolle seines/ ihres Geistes, Körper und Technik als Ganzes zeigt.
c. **Chikara no kyojaku**. Energiekontrolle. Einsetzen von Kraft und Entspannung. Besonders in den Grundkata erfordern offensive Techniken, Kraft und defensive Techniken die Entspannung.
d. **Waza no kankyu**. Geschwindigkeitskontrolle. Kombination von schnell und langsam. Offensive Techniken werden oft schneller als defensive ausgeführt und damit auch der Rhythmus der Kata beeinflußt.
e. **Tai no shinshuku**. Körper- und Bewegungskontrolle. Beinhaltet das Erweitern und Zusammenziehen von Bewegungen. Ausbreitung geschieht mit offensiven Bewegungen und zusammenziehen bei defensiven Techniken. Wie gut die Körperdynamik im Verhältnis zur Effektivität der Technik ist.

Artikel 5: Disqualifizierung

Ein Team wird disqualifiziert, wenn sie die Ausführung der Kata Bunkai Kumite unterbrechen oder, wenn sie eine Kata Bunkai Kumite ausführen, die nicht mit der angesagten Kata Bunkai Kumite übereinstimmt.

ERLÄUTERUNG ZUM BUNKAI KUMITE TRAINING

Um Kata zu verstehen ist es notwendig auch die Anwendung einer Kata zu verstehen. Die Anwendung folgt dem Prinzip, dass jede Kata so konzipiert ist, dass sich die darin enthaltenen Selbstverteidigungsaspekte immer jeweils auf einen Gegner nach dem anderen beziehen und nicht auf mehrere Gegner gleichzeitig. Es muss an dieser Stelle darauf hingewiesen werden, dass die Entstehung dieser Art der Selbstverteidigung auf einer bestimmten historische Notwendigkeit beruht und nicht direkt mit der modernen Anwendungen auf der Strasse oder beim Militär verglichen werden sollte. Allerdings bildet sie nach wie vor die technische Grundlage und beinhaltet alle Elemente der modernen Selbstverteidigung.
So wird jede Anwendung der Kata zunächst, bis ungefähr zum 1. Dan, mit Techniken aus dem Bereich Goho (hart) umgesetzt. Das bedeutet die Verteidigung mit und gegen Angriffe von Schlag-, Tritt- und Stoßtechniken, wie sie im Allgemeinen im Karatedo, Wushu, Kungfu oder Teak Kwon Do geübt werden.
Als nächstes kommen die Techniken aus dem Bereich Juho (weich) hinzu. Hierbei handelt es sich um Wurf- (Nage waza) und Hebeltechniken (Kansetsu waza). Für höhere Meistergrade kann dies noch durch Würgetechniken (Shime waza) ergänzt werden. Daraus ergibt sich die Notwendigkeit sich auch mit den Techniken des Judo, Jujutsu oder Aikido zu befassen um sie ausführen zu können, sie zu verstehen und sinnvoll in die Anwendung einzubauen. Ein Angriff in diesem Fall kann z.B. aus dem Greifen und Halten der Handgelenke bestehen. Insbesondere für diesem Bereich ist außerdem das Erlernen von Ukemi (Rollen und Fallen) unerlässlich.
Im dritten Abschnitt werden die Techniken aus dem Bukiho (Waffentechniken) angewendet. Hier ist die Verteidigung gegen den Bo (Langstock) und das Katana (Schwert) repräsentativ. Analog zu den Techniken aus dem Bereich Juho, ist es auch hier notwendig, dass sich jeder ernsthaft Trainierende im Bereich Kobudo weiterbildet, um die Waffen zu verstehen, gegen die er sich verteidigen soll. Das bedeutet erlenen von Grundtechniken und Kata der jeweiligen Waffe, sowie Partnertraining.
Somit bilden die Auseinandersetzung mit Kata Bunkai Kumite und das zusätzliche Training der einzelnen Bestandteile ein abgerundetes Bild des traditionellen Karatedo und zeigt das Verständnis von wahrem Budo.
Im Shorinjiryu Kenkokan Karatedo als Grundlage des Koshiki Karatedo ist alles hier beschriebene, integraler Teil des Ausbildung.

BUNKAI KUMITE KATA KOSHIKI BASSAI

Im Folgenden werden vier Sequenzen aus der Kata Koshiki Bassai mit jeweils einem Beispiel einer Anwendung gezeigt. Die Folge der gezeigten Anwendungen entspricht der bereits erläuterten Unterrichts Lehre.

Kata

Anwendung

Ausweichen des Angriffs und Block mit Shuto Gedan Barrai.

Kata

Anwendung

Konter mit Jodan Shuto Uchi.

Chudan Hineri Geri.

Kata

Anwendung

Den Konter Chudan Hineri Zuki mit Otoshi Uke in Neko Ashi Dachi blocken.

Konter mit Jodan Nukite zum Kehlkopf (Nodo).

Kata

Die zweite Sequenz wird in Juho ausgeführt. Angriff ist Ryote Tori - zwei Hände greifen zwei Hände.

Anwendung

Ausweichen und die Balance brechen.

| **Kata** | **Anwendung** |

Lösen des Griffs.

An die Schulter, den Gegner weiter aus der Balance bringen.

Kata

Anwendung

Ansetzen zum O Soto Garai (grosse Außensichel).

Der liegende Gegner macht einen rechten Zuki zum Bauch.

Kata   Anwendung

Ausweichen und aufnehmen der Bewegung zum Ellenbogen Streckhebel (Ude Gatame).

Als dritte Sequenz wird Buki Ho - hier der Angriff mit Katana gerader Schnitt zum Kopf (Kiri Otoshi), ausgeführt.

Kata · Anwendung

Ausweichen und das Schwert am Griff (Tsuka) kontrollieren.

Direkter Konter zum Hals mit Shuto Uchi.

Kata   **Anwendung**

Armhebel und brechen des Gleichgewichts (Kuzushi) des Gegners.

Einen Osoto Gari ausführen und den Schwertarm kontrollieren.

Kata Anwendung

Den liegenden Gegner entwaffnen.

Die Situation mit einem Schnitt beenden.

Kata

Die vierte Sequenz wird auch in Buki Ho ausgeführt. Hier der Angriff mit Bo, Morote Zuki zum Kehlkopf (Nodo).

Anwendung

Ausweichen und den Bo an der Hand des Gegners kontrollieren.

Kata

Anwendung

Den Bo unter dem Arm hindurch greifen und den Gegner aus dem Gleichgewicht (Kuzushi) bringen.

Den Gegner mit einen Ko Soto Gari (kleine Außensichel) zu Fall bringen.

Kata　　　　　　　　　　　　　　　　　　Anwendung

Die Situation mit einem Schlag (Uchi) des Bo oder Stich (Zuki) beenden.

ANHANG

QUALIFIKATION ZU OFFIZIELLEN INTERNATIONALEN DANGRADEN, TITELN, KAMPFRICHTER UND AUSBILDER LIZENZEN

Anwärter für die oben genannten Qualifikationen, werden basierend auf den offiziellen Regeln der Welt Koshiki Contact Karatedo Föderation (WKKF) und der nationalen Koshiki Contact Karatedo Regeln beurteilt.

Anwärter brauchen die folgenden Anforderungen für die entsprechende Qualifikation unter Vorlage der nötigen Anmeldungsformulare, Gebühren und schriftlicher Arbeit. Das internationale Komitee wird sorgsam die eingereichten Unterlagen, technischen Fertigkeiten des Anwärters prüfen.

Alle Anwärter müssen an den dafür vorgesehenen Fortbildungen, die regelmäßig von der WKKF abgehalten werden, teilnehmen. Sie müssen sich für die erstrebte Qualifikation entsprechend den Erfordernissen, technischen Voraussetzungen und Ihrer schriftlichen Arbeit vorbereiten.

Alle Anwärter für Dangrade und Titel sowie Kampfrichter und Ausbilder Lizenzen, werden basierend au den unten angeführten Spektrum von Kriterien beurteilt:

- Geistige Haltung
- Trainingseinstellung
- Verständnis von Koshiki Contact Karatedo
- Technischer Stand der Fertigkeiten
- Aufzeichnung von Wettkämpfen und Erfahrung auf nationalen und internationalen Wettkämpfen.
- Erfahrung in Vorführungen (Enbu)
- Teilnahme an WKKF und verwandte Aktivitäten sowie Unterstützung der WKKF.

Besprechungen zur Beurteilung der Prüfungsleistungen werden zweimal im Jahr im WKKF Hauptquartier im Frühling und Herbst abgehalten.

Prüfungen werden während WKKF- Weltmeisterschaften, nationalen und internationalen Seminaren und Meisterschaften abgehalten. Anwärter können nach der Teilnahme an geeigneten WKKF Seminaren geprüft werden und sofern sie die nötigen Unterlagen, Gebühren und Thesis vorab übergeben haben.

RANGSYSTEM IM KOSHIKI CONTACT KARATEDO

Die Schüler (Deshi) vom 10. - 1.Kyu bilden die untere Hierachiestufe, den Be-reich Mudansha und tragen farbige Gürtel (weiß, gelb, orange, grün und braun).
Den nächsten Bereich, Yudansha, bilden die Grade vom 1. - 4. Dan, denen auch moralische Stufen zugeordnet werden.
Der 3. Dan trägt noch den Zusatz eines Sensei (Lehrer) und ab dem 4. Dan wird im Koshiki Contact Karatedo die Person mit Shihan (Meister) betitelt.
Ab dem 5. Dan betritt man den Bereich Kodansha.
Ab dem 6. Dan erhält man dann den Rot Weißen Gürtel (Dandara Obi).
Träger des 6. Dan können noch zusätzlich den Titel des Renshi erhalten.
Träger des 7. Dan den Titel Kyoshi und Träger des 8. Dan den Titel Hanshi.
Halter des 9. - 10. Dan tragen den roten Gürtel (Aka Obi).

10. + 9. Kyu	Farbgürtel Weiß
8. + 7. Kyu	Farbgürtel Gelb
6. + 5. Kyu	Farbgürtel Orange
4. + 3. Kyu	Farbgürtel Grün
2. + 1. Kyu	Farbgürtel Braun
1. Dan, Shodan	Yushi, Gürtel Schwarz
2. Dan, Nidan	Gyoshi
3. Dan, Sandan	Shushi, Sensei
4. Dan, Yondan	Kenshi, Shihan
5. Dan, Godan	Kengo, Shihan
6. Dan, Rokudan	Kenren, Shihan, Titel 'Renshi'
7. Dan, Nanadan	Kenkyo, Shihan, Titel „Kyoshi"
8. Dan, Hachidan	Kenhan, Shihan, Titel „Hanshi"
9. Dan, Kudan	Kenmai, So Shihan, Titel „Hanshi"
10. Dan, Judan	Kensei

PRÜFUNGSSYSTEM IM KOSHIKI KARATEDO FÜR OFFIZIELLE DANGRADE, TITEL UND AUSBILDER LIZENZEN

Mindest Alter und Jahre des Trainings für jeden Dan Grad

Grad	Titel	Min. Alter	Min. Zeit seit letzter Prüfung
Shodan	Yushi	15	
Nidan	Gyoshi	17	2 Jahre nach Shodan
Sandan	Shushi	20	3 Jahre nach Nidan
Yondan	Kenshi	24	4 Jahre nach Sandan
Godan	Kengo	29	5 Jahre nach Yondan
Rokudan	Renshi	35	6 Jahre nach Godan
Nanadan	Kyoshi	42	7 Jahre nach Rokudan
Hachidan	Hanshi	50	8 Jahre nach Nanadan

Prüfung für Shodan bis Godan.

Technische Demonstration

Grundwissen
- Basis Techniken
- Basis Bewegungen

Kata
- Basis Kata
- Tanren Kata

Buki-ho
- Bo (Langstock)
- Katana (Schwert)

Kumite

Basis Kumite
- Sotai Uchikomi Renshu, Hangeki Renshu
- Gokyo no Kumite

Tanren Kumite
- Yakusoku kumite
- Kumite Kata Gokyo

Jiyu Kumite
- Nur Hand, nur Fuß, Hand und Fuß
- Nur Offensive, nur Defensive, Offensive und Defensive

Bunkai Kumite
- Basis Kata
- Tanren Kata

Aufzeichnung von Turnieren
- International: Shiai, Enbu, Erfahrung, Ergebnisse
- Lokal: Shiai, Enbu, Erfahrung, Ergebnisse
- Prüfungen: Shiai, Enbu, Erfahrung, Ergebnisse

Thesis/ Essay

Anwärter müssen eine schriftliche Ausarbeitung vorlegen. Der Inhalt des Essay ist abhängig von dem zu erreichenden Dan Grad.

OFFIZIELLE INTERNATIONALE AUSBILDER LIZENZEN

Um die weitere ordentliche Entwicklung und das Wachsen von Koshiki Contact Karatedo zu gewährleisten ist es notwendig das Koshiki Contact Karatedo Ausbilder das richtige Verständnis ihrer Kunst, Wissen und Technik haben. Auf dieser Basis ist es wichtig, dass alle Ausbilder in jedem Land, Dojo, Schule oder Club angemessene Lizenzen als offizieller internationale Ausbilder im Koshiki Contact Karatedo haben. Um diese Lizenzen zu erwerben werden in jedem Land und Gebiet offizielle internationale Ausbilder Seminare angeboten. Nach den Besprechungen werden offizielle Ausbilder Lizenzen und Urkunden an die Anwärter vergeben.

Grade der offiziellen interantionalen Ausbilder:

- Junior Ausbilder
- Senior Ausbilder
- Master Professor
- Grand Master Professor
- Great Grand Master Professor

Dan Anwärter müssen die Anerkennungsgebühr nach bestehen der Prüfung bezahlen.

Die Repräsentanten jeden Landes oder Prüfungskomitees haben einen Bericht über jedes WKKF Seminar oder Prüfung zu fertigen, zusammen mit einem Befürwortungsschreiben, and die WKKF Dan Anwärter, welche alle Erfordernisse erfüllt haben, müssen die Gebühren der Prüfung innerhalb eines Monats nach bestehen einzahlen.

KLASSIFIZIERUNG DER INTERNATIONALEN KAMPF-RICHTERLIZENZEN

Schiedsrichter und Kampfrichter müssen von der WKKF beglaubigt werden.

Meister- Kampfrichter

Sie sind Schiedsrichter, Schlichter oder Kampfrichter an jeder WKKF- Meisterschaft. Sie können als Oberster Schiedsrichter für jede WKKF- Weltmeisterschaft fungieren.
Sie müssen mindestens eine Graduierung von Rokudan haben, mindestens 35 Jahre alt sein, mindestens 15 Jahre Karatedo Erfahrung haben und für mindestens 5 Jahre Senior Kampfrichter gewesen sein.
Meister Kampfrichter tragen ein offizielles WKKF Schiedsrichter Emblem in Gold, Rot und Schwarz.

Senior- Kampfrichter

Sie sind Schiedsrichter, Schlichter oder Kampfrichter an jeder WKKF- Meisterschaft. Sie können als Oberster Schiedsrichter an jeder Internationalen WKKF- Meisterschaft fungieren.
Sie müssen mindestens eine Graduierung von Godan haben, mindestens 30 Jahre alt sein, mindestens 12 Jahre Karatedo Erfahrung haben und für mindestens 3 Jahre A Grad- Kampfrichter gewesen sein.
Senior- Kampfrichter tragen ein offizielles WKKF- Schiedsrichter Emblem in Silber, rot und schwarz.

A- Grad- Kampfrichter

Sie sind Schiedsrichter, Schlichter oder Kampfrichter an jeder WKKF- Meisterschaft
Sie müssen mindestens eine Graduierung von Yondan haben, mindestens 27 Jahre alt sein, mindestens 9 Jahre Karatedo- Erfahrung haben und für mindestens 3 Jahre B Grad- Kampfrichter gewesen sein.

B- Grad- Kampfrichter

Sie sind Schiedsrichter oder Kampfrichter an WKKF- Meisterschaften
Sie müssen mindestens eine Graduierung von Sandan haben, mindestens 23 Jahre alt sein, mindestens 6 Jahre Karatedo Erfahrung haben und für mindestens 2 Jahre C Grad- Kampfrichter gewesen sein.

C- Grad- Kampfrichter

Sie sind Richter an WKKF- Meisterschaften.
Sie müssen mindestens eine Graduierung von Nidan haben, mindestens 21 Jahre alt sein, mindestens 3 Jahre Karatedo Erfahrung haben und als Schiedsrichter von einem Nationalen Koshiki Karatedo Organisation für mindestens 2 Jahre beglaubigt worden sein.
Die Kampfrichter Bescheinigungen sind für 1 Jahr vom Ausstellungsdatum gültig. Eine aktualisierte Bescheinigung muss erworben werden, um die Kampfrichter Privilegien weiter zu behalten.

TREFFERZONEN UND HAUPTANGRIFFSTECHNIKEN

Kontrollierte Kontaktziele

Ebene	Jodan	Chudan
Ziel	Gesichtsschutz	Körperschutz
Techniken	Tsuki Waza	Tsuki Waza
	Keri Waza	Keri Waza
	Uchi Waza	Uchi Waza
Punktart	Ippon	Ippon
	Waza-Ari	Waza-Ari

Nicht- Kontakt- Ziele

Ebene	Jodan	Chudan
Ziel	Scheitel & Hinterkopf, Nacken	Rücken
Techniken	Tsuki Waza	Tsuki Waza
	Keri Waza	Keri Waza
	Uchi Waza	Uchi Waza
Punktart	Waza-Ari	Waza-ari

Reihenfolge der Punkteansage

Person, die den Punkt erzielt	Aka
	Shiro
Zielhöhe	Jodan
	Chudan
Technik	Tsuki
	Keri
	Uchi
Punktart	Ippon
	Waza-ari

KLASSIFIZIERUNG BEDEUTENDER TECHNIKEN

Im Allgemeinen - basierend auf der Bewegung

Tsuki Waza - Fausttechniken
Keri Waza - Trittechniken
Uchi Waza - Schlagtechniken
Ate Waza - direkte Stoßtechniken

Spezifische Punktetechniken

Tsuki Waza - Fausttechniken
Tate Ken - senkrechte Faust
Yoko Ken - horizontale Faust
Gyaku Ken - umgekehrte Faust

Keri Waza - Trittechniken

Jo Sokutei - Fußballen
Ka Sokutei - Ferse des Fußes
Sokuto - Fußkante
Sokko - Spann

Uchi Waza - Schlagtechniken

Shuto - Messer-Hand
Haito - Kamm-Hand
Haishu - Handrücken
Shotei - Handballen
Uraken - Faustrücken
Kentsui - Hammer-Faust

Ate Waza - direkte Stoßtechniken

Empi - Ellenbogen
Hiza – Knie

VERANTWORTLICHKEIT DES REGELWERKES

Das Regelwerk beruht auf den Internationalen Koshiki Contact Karatedo Regeln in Aufsicht der World Koshiki Contact Karatedo Föderation mit Sitz in Tokyo unter der Leitung von Hanshi Masayuki Kukan Hisataka (9. Dan und Begründer des Koshiki Karatedo), Masamitsu Kudaka Kyoshi 7.Dan.

Änderungen sind nur durch die Genehmigung der technischen Kommission für Deutschland und in Absprache mit der World Koshiki Contact Karatedo Föderation zu machen.
Koshiki Karatedo World und Shorinjiryu Kenkokan Karatedo sind eingetragene Marken und bedürfen der Genehmigung des jeweiligen Markeninhabers. Kopien und Vervielfältigung, auch nur Auszugsweise, bedarf der Genehmigung der technischen Kommission für Deutschland unter der Leitung von Shihan Olaf Lotze-Leoni.

Präsident
Shihan Olaf Lotze-Leoni 6. Dan "Renshi"
Kampfkunstschule **„SHINDO"**
Email: info@Shindo.de
Internet: http.//www.Shindo.de

Anmerkung: Die in diesem Buch veröffentlichten Regeln sind nur Auszugsweise dargestellt.

KONTAKTADRESSE DES SO HOMBU DOJO/TOKYO UND SHINDOKAI DOJO

So Hombu Dojo/Tokyo
Intern. Hauptquartier des Koshiki Contact Karatedo
So Shihan Masayuki Kukan Hisataka 9.Dan Hanshi
20 Kikuicho, Shinjuku-ku
Tokyo 162, Japan
Tel.: +81 (0)3-3203-5765   Fax.: +81 (0)3-3203-6178
Email: koshiki@jp.bigplanet.com
www.koshiki.org

„Shindokai Dojo" Hannover
Olaf Lotze-Leoni, 6.Dan Renshi
Hombu Dojo der Deutsche Koshiki Contact Karatedo Vereinigung
Hannover
info@shindo.de
www.Shindo.de

Shosonkai Dojo im TSV 03 Sievershausen
Dojoleiter Uwe Anders 2.Dan Gyoshi
www.TSV03.de

„Shindokai Dojo" Albringhausen
Olaf Lotze-Leoni, 6.Dan Renshi
Albringhausen
info@shindo.de
www.Shindo.de

Deutsche Shorinjiryu Kenkokan und Koshiki Karatedo Föderation (SKKD e.V.)
Die einzige offiziell anerkannte Vereinigung der WKKF für Koshiki Contact Karatedo in Deutschland
www.Shindo.de

BIOGRAPHIE DES AUTORS

Olaf Lotze-Leoni

geb. am 11.04.1968 in Hannover
Vermessungstechniker, Fachhochschulreife
6 Semester Studium Bauingenieurwesen
Aufnahme im „Who is Who Deutschland"
seit 2000.
5 Semester Gasthörer an der Fern Universität Hagen im Bereich Geisteswissenschaften.
Fachkraft für Schutz und Sicherheit
Seit 1985 intensives Studium der Kampfkünste.

6. Dan Koshiki Karatedo **„Renshi"**
6. Dan/ Antas Combat Arnis
5. Dan Shorinjiryu Kenkokan Karatedo
5. Dan Kobudo Bo Jutsu
4. Dan Aikido IMAF/ Japan
4. Dan Iaido Muso Jikiden Eishin Ryu IMAF/ Japan
4. Dan Kobudo Sai Jutsu
4. Dan Kobudo Tonfa Jutsu
2. Dan Shorinjiryu Karatedo
2. Dan Tai Chi Chuan/ Qi Qong
2. Dan Kobudo Kama Jutsu
1. Dan Goju ryu Karatedo
1. Dan Judo (PJA)

Seit 1988 Tai Kyoku Ken (Tai Chi Chuan) und Kiko (Qi Qong)
Hauptausbilder Shorinjiryu Kenkokan Karatedo Deutschland
Technischer Direktor Koshiki Karatedo Deutschland
Präsident des SKK u. KK Deutschland e.V.
Mehrfache Trainingsaufenthalte in Asien und Teilnahme an Welt- und Europameisterschaften.
Mehr als 200 Fortbildungen und Lehrgänge bei europäischen und japanischen Großmeistern.
Technischer Berater der World Koshiki Contact Karatedo Föderation und Präsident des Kampfrichterrates der europäischen Koshiki Contact Karatedo Vereinigung.

PROFILE DER MITWIRKENDEN

Jan Kittel:
4. Dan „Kenshi' Koshiki Karatedo
4. Dan Shorinjiryu Kenkokan Karatedo
Koshiki Karatedo Vizeeuropameister 2012 Kumite Shiai, 3.Platz Kata
Koshiki Karatedo Europameister 2009 in Kata und Bunkai Kumite, Vizeeuropameister in Kumite Shiai
Kenkokan Cup 2009, 1. Platz in Kata und Kumite Shiai
Deutscher Meister '08, Kata Bunkai Kumite
16. Koshiki Karatedo Weltmeisterschaft '07, Montreal, Kanada, 3.Platz Kata Bunkai
Deutscher Vizemeister Kumite '07, 3.Platz Kata
Deutscher Vizemeister Kumite '06, 3,Platz Kata
Deutscher Meister Kumite '05, Vizemeister Kata
Zweifacher Schweizer Meister Kata und Kumite '03
Deutscher Juniorenmeister Kata '01,

Sandra Leoni:
4. Dan „Kenshi' Koshiki Karatedo
4. Dan Shorinjiryu Kenkokan Karatedo
2. Dan/ Antas Combat Arnis
2. Dan Bo Jutsu
Koshiki Karatedo Europameister 2012 in Kata und Kumite Shiai
Koshiki Karatedo Europameister 2009 in Kata, Kumite Shiai und Bunkai Kumite
Kenkokan Cup 2009, 1. Platz in Kata und Kumite Shiai
Dreifacher Deutscher Meister '08, Kata, Kumite Shiai und Kata Bunkai Kumite
16. Koshiki Karatedo Weltmeisterschaft '07, Montreal, Kanada, 3.Platz Kata Bunkai Kumite
Deutscher Meister Kata '07, Deutscher Vizemeister Kumite Shiai
15. Koshiki Karatedo Weltmeisterschaft '04, Griechenland, Weltmeister Kata Bunkai Kumite, 3.Platz Kata, 3.Platz Kumite Shiai
World League Koshiki Karatedo Championship '03, Lissabon, Portugal, Meister Kumite Shiai, Vizemeister Kata, 3. Platz Kata Bunkai Kumite;
World Cup Japan Open '03, Tokyo, Vizemeister Kata Bunkai Kumite, 3. Platz Kumite Shiai

LITERATUR:

„Scientific Karatedo" - von Masayuki Kukan Hisataka
„Essential Shorinjiryu Karatedo" - von Masayuki Kukan Hisataka
„Le Karate Koshiki" - von Masayuki Kukan Hisataka, Wayne Donivan, Dalil Machino
"Shorinjiryu Kenkokan Tode" - von Kaiso Kori Hisataka
"Was ist Shorinjiryu Karatedo?" von Olaf Lotze-Leoni
Regelwerk des Koshiki Karatedo - von Olaf Lotze-Leoni
World Koshiki Contact Karatedo Rules - WKKF

GLOSSAR DER KOSHIKI KARATEDO AUSDRÜCKE

a

age	aufsteigend, nach oben
age-zuki	aufsteigender Stoß
ai-uchi	gleichzeitige Technik
ashi	Fuß oder Bein
ashi barrai	Fegen mit dem Fuß (Fußfeger)
ashi sabaki	Fußbewegung
ashi sukui age	aufsteigende Bein-Schaufel
ashi tori	Halten des gegnerischen Beines
ate waza	direkte Schlagtechniken
ato shibaraku	wenig Zeit übrig, Restkampfzeit

b

barrai	fegen
bassai	Festung; Name einer Kata
bo	Langstock, ca. 183cm lang
bogu	Rüstung
bogyo	Verteidigung
bokken, bokuto	Holzschwert
budo	Oberbegriff der japanischen Kampfkünste
buki ho	Die Praxis mit Waffen
bushido	Ehrenkodex des Samurai „der Weg des Kriegers"
bujutsu	Oberbegriff der jap. Kriegs-Künste, Vorläufer des Budo

c

| chudan | mittlere Stufe |
| chui | Warnung |

d

| dachi | Stand |

dan	Schwarzgurt Grad
de ashi	Schlangen-Kriechschritt
de ashi barrai	fegen des vorderen Fußes
do	Weg, Körper
do basami	Körper-Schere
dojo	der Ort, an dem der Weg geübt wird
dojo kun	Prinzipien einer Schule

e

empi	Ellenbogen
enchosen	Kampfverlängerung

f

fukushiki	Kombinationen von Techniken
fukushin shugo	Zusammenrufen der Kampfrichter
fumikomi ashi	Stampfschritt

g

gedan	untere Stufe
gedan barrai	Abwärts Fegebewegung zum Bein
genko	Geschlossene Hand, Faust (seiken)
geri (oder keri)	Fußtritt
gohon	fünf Wege oder fünf Techniken
gohon kumite	Fünf-Techniken-kumite (Kampfform)
goshin jutsu	Selbstverteidigungstechniken
gyaku ken	Seitenverkehrte Faust, entgegengesetzte Faust
gyaku uchi	Seitenverkehrter Schlag, entgegengesetzter Schlag

h

haishu	Handrücken
haito	Innenkante der Hand
hajime	Anfang, beginnen
haku (shiro)	weiß

hanmi	Halb gedrehte Hüfte, mit halben Gesicht nach vorn
hangetsu hoko	Halbmond-Schritt, Schrittbewegung
hanshi	Ehrentitel für Träger des 8. Dan und höher
hansoku	Disqualifizierung
hantei	Entscheidung, Bewertung
hantei kachi	Sieger durch Entscheidung des Kampfrichters
happiken	Name einer Kata:„ Den Faust wie ein Affe in acht Richtungen benutzen"
hara	Bauch
harrai waza	Fegende Techniken
hasso kamae	eine vielseitige Stellung, Angriffshaltung
heian	Name einer Kata: „Friedvoller Geist"
heiko dachi	Parallele Fußstellung
heisoku dachi	Geschlossene Fußstellung, Füße zusammen
hidari	links
hikiwake	Unentschieden
hineri hanmi	Rotation des Rumpfes
hineri zuki	dreh Fauststoß
hiraki ashi	offene Beinhaltung, Seitwärts gleiten
hiraki mi	offene Beinrotation, offene Körperhaltung
hiza	Knie
hiza ke age	Kniestoß nach oben
hiza otoshi ate	abwärts Kniestoß
hojo undo	ergänzende, zusätzliche Übungen
hombu	Hauptschule einer Karateausrichtung

i

igiari	Aufmerksamkeit der Richter anrufen
ippon	ein Punkt
ippon ken	Fausthaltung bei der der Knöchel des Zeigefingers vorsteht
ippon shobu	Kampf um einen Punkt

j

jikan	Zeit
Jiu-Jitsu	eine jap. Kriegskunst, ursprüngliche Form des Judo
jiyu	frei sein, Freiheit
jo sokutei	Fußballen
jodan	obere Stufe
jogai	außerhalb der Kampffläche, außerhalb der Grenzen
joshi waza	Armtechniken
juji uke	überkreuz Abwehr
junbi undo	Vorübungen
jutsu	Kunst, Technik

k

kagi geri	hakenförmiger Fußtritt
kagi zuki	hakenförmiger Fauststoß
kaiten geri	Drehtritt
kakari geiko	Eine Form der Ausbildung
kamae	Deckung, Haltung
kamae kata	Art der Bereitschaftshaltung
kamaete	bereit machen, vorbereiten zu beginnen
kappo	Wiederbelebungstechniken, hauptsächlich bei Verletzungen in den Kampfkünsten
kara	leer, Himmel
kara	Jap. Ausdruck für T'ang Dynastie (A.D. 618-970)
karatedo gi	die Uniform des Karatedo
kara-ho	die Methoden der leeren Hand
ka sokutei	Ferse des Fußes
kashi waza	Beintechniken
kata	Schulter, eine Form des allein übens, Form
katsu	Reanimationstechniken (Erste Hilfe)
kawasu	Ausweichen

ke age	Schnapp-Tritt, aufsteigender Tritt
keirei	zeremonielle Verbeugung
kekomi	Stoßtritt
ken	Faust
kenko (oder genko)	Faust
kenkokan	die Hauptschule des Karatedo
kentsui	Hammerfaust
keoroshi	Abwärts Fußstoß
keri	Fußtritt
ki	innere Energie, Geist (die Stärke des Geistes nutzen) Intuition
kiai	Offenbarung des Ki (gleichzeitig Vereinigung des Geistes und Ausdruck physischer Stärke)
kiken	Aufgabe
kime waza	gezielte Techniken, beendende Techniken
kinate	Unterleibsschützer
kin teki	Hoden
kiri otoshi	Schnitt mit dem Schwert von oben nach unten
kogeki	Offensiv, Angriff
kohai	Der jüngere, Unerfahrenere
ko haku	rot und weiß
kokutsu dachi	Rückwärtsstellung
kokyu	Atmung
kosa ashi dachi	Überkreuzstellung
koshi	Hüfte
ko soto gari	kleine Außensichel
kumite	treffen, Form des Kampfes
kung-fu	eine chin. Kampfkunst
kuzushi	Öffnen, Gelegenheit zum Angriff, brechen des Gleichgewichts
kyu	Schülergrad, Stufe des Mudansha
kyoshi	Ehrentitel eines Meisters des 7. Dan

m

maai	Harmonische Distanz, Raumabstand
mae	Vorn, frontal
mae kage mi	den Oberkörper nach vorne lehnen
mae sori mi	den Oberkörper nach hinten lehnen
makiwara	Eine hölzerne Stelle bedeckt mit Stroh, Schlagpfosten
mate	warten, lösen
mawashi geri	halbkreisförmiger Fußtritt
mienai	Nicht gesehen
migi	rechts
mikazuki geri	halbmondförmiger Fußtritt
mizo ochi	Solar plexus
mokuso	Konzentration, Meditation
morote	beidseitig, mit beiden Händen
morote soe uke	unterstützender zwei-Faust-Block
moto	Ursprung, Basis
moto no ichi	Zum Anfang zurück, Ausgangsposition
mudansha	Nicht-Schwarzgurt-Schüler
mukogeki	Verzögerung
musubi dachi	Bereitschaftstand

n

nagashi uke	Fegeblock
nage waza	Wurftechniken
Naha te	Kampfkunst aus Naha (Okinawa)
naihanchin dachi	Reiterstellung
naka daka ken	Mittelfinger-Knöchel-Faust
neko ashi	Katzenfuß
nidan	zweiter Dan-Grad, zwei Stufen/Ebenen
nidan zuki	Zwei-Ebenen-Fauststoß

nihon	zwei Punkte, zwei Techniken
nijushiho	vierundzwanzig Techniken, Schritte, Bewegungen, Name einer Kata
niseishi	vierundzwanzig Techniken; der alte Name von Nijushiho
nukeru	verfehlte Technik
nukite	Speer-Hand
nyujo	betreten der Kampfläche

o

obi	Gürtel
oi mawashi geri	vorderes Bein halbkreisförmiger Fußtritt
oi zuki	gerader Fauststoß im vorwärtsgehen
Okinawa te	Kampfkunst aus Okinawa
okuri ashi barai	gleitender Fußfeger
oroshi	abwärts, nach unten
osoto gari	große Aussensichel
osoto otoshi	großer Aussenwurf
otagai ni rei	Verbeugung der Ausübenden zueinander
otoshi	fallen
otoshi mi	Kniebeugen, sich abducken
otoshi uke	Block von oben nach unten
ouchi gari	große innen Sichel

p

pinan	alter Name der Heian Kata

r

randori	kämpfen, Freikampf-kumite
rei	Gruß, Verbeugung
renshi	Ehrentitel für Träger des 6. Dan
renshu shiai	Training für den Wettkampf, Praxis für den Wettkampf

ritsu zen	Meditation im Stehen
ryo ashi tori	Angriff auf beide Beine
ryu	Schule, Stil, Drache

s

sagi ashi dachi	Ein-Bein-Stellung
sai enchosen	letzte Verlängerung
samurai	Jap. Krieger
sanchin	drei Phasen, Name einer Kata
sanchin dachi	geschlossene Verteidigungs-Fußstellung
seiri undo	ergänzende Übungen
senjutsu	Strategie, Taktik
sempai	Der ältere, Erfahrenere od. auch Senpai
shiai	Wettbewerb, Wettkampf
shiaijo	Wettbewerbsfläche, Ring
shihan	Name oder Titel von Ausbildern mit hohem Rang
shikkaku	Disqualifikation, Ausschluß aus dem Turnier
shinan	Name oder Titel des höchsten Ausbilders
shizen hontai dachi	natürliche Stellung, Grundstellung
shinpan ni rei	Verbeugung zu der Kampfrichtern
shomen	der Ort der Ehre, die Vorderseite
shomen ni rei	Verbeugung zur Vorderseite
Shorin ji	Jap. Name des Shaolin Tempels
Shorin ryu	Name einer Karate Form aus Okinawa
Shorinji ryu	Stil oder Schule der Shorinji Kampftechniken (Shaolin)
shotei	Handballen
shotokan	Karatestil gegründet von Funakoshi Gichin
shuko	Handrücken (haishu)
shuto	Messerhand
sokko	Spann des Fußes
sokumen	Gesichtsseite
sokutei	Fußsohle

sokuto geri	Fußkanten Tritt od. seitlicher Tritt
soremade	bis hier, soweit
soreru	nicht getroffene Technik
sotobiraki jigotai dachi	offene Verteidigungs Fußtellung
suigetsu	Sternum
sukui uke	Schaufelblock
suwatsute	Absitzen

t

tachi kata	Stellungen
tai chi ch'uan	eine chinesische Kampfkunst
tai kyoku ken	jap. für Tai chi chuan
tai sabaki	Körperbewegung
taijo	Verlassen der Kampffläche
tanden	Unterleib (Tan tien)
tanshiki	Einzelform oder Einzeltechnik
tate ken	grundlegende Faust, senkrechte Faust
tatsute	aufstehen
te	Hand
tea-kwon do	koreanische Kampfkunst
teiichi	Grundposition des Kampfrichters
tettsui	Hammerfaust (kensui)
tobi	Sprung oder fliegend
tobi geri	Sprungtritt
tobi mi	Sprungbewegung
tome waza	aufhaltende Techniken
tori	Angreifer
torimasen	Inakzeptabel, ungültige Technik
tsuki	Fauststoß
tsukuri	Gelegenheit anzugreifen
tsuzukete hajime	Achtung wieder anfangen

tsumasaki	Zehenspitzen

u

uchi	schlagen, auch innerhalb
uchikomi geiko	Eine Form der Ausbildung für Angriffstechniken, die mit einem Partner ausgeübt wird
uchimata jigotai dachi	geschlossene Verteidigungs Bein-Haltung
ude	Unterarm
uechiryu	Karatestil gegründet von Uechi Kanbun
uke	Verteidiger, abwehren
uketeru	geblockte Technik
uraken	umgekehrte Faust, Faustrücken
ushiro	hinten oder zurück
ushiro hiki otoshi	nach hinten Fallen
ushiro kakato	Rückseite der Ferse
ushiro mawashi geri	umgekehrter rückwärtiger Halbkreisfußtritt
ushiro oi geri	vorderes Bein tritt nach hinten

w

waza	Technik
waza-ari	Punkt

y

yako	Leistengegend
yakusoku	arrangiert, ein Versprechen
yame	beenden, Stop, halt
yoko	Seite, seitlich
yoko geri	seitwärts Fußtritt
yoko ken	horizontale Faust
yoko tobi geri	seitwärts Sprungtritt
yudansha	Schwarzgurtträger

z

zanshin	Zustand perfekter Ausführung, Aufmerksamkeit, Vollendung
zarei	Verbeugung im Sitzen
zen-kaiten	volle Drehung, Kehrtwendung
zenkutsu	vorwärts
zenshin	vorbereitender geistiger Zustand